Vorwort

Bruno Reichlin

Die Arbeit von Giulio Bettini über das Mailänder Werk der Architekten Mario Asnago und Claudio Vender schreibt sich in einen Zweig der theoretischen und projektbezogenen Forschung ein, der seinen Anfang nahm mit den «künstlerischen Grundsätzen» Camillo Sittes als Grundlage für den Städtebau. Seit Ende des 19. Jahrhunderts, vor allem aber in den Nachkriegsjahren der beiden Weltkriege, als man sich die Frage stellte, was man von der durch die Bomben zerstörten historischen Stadt retten solle, wurde dieses Gedankengut von Architekten, Städtebauern, aber auch von den an der öffentlichen Sache interessierten Bürgern mitgetragen, wieder aufgenommen und interpretiert.
Während die Avantgarde der Architektur ihre eigenen «heroischen Schlachten» schlug, machten die Vorschläge Sittes zur Gestaltung des Stadtraums Schule: Karl Henrici arbeitete zu den gekrümmten Strassen; Hermann Maertens veröffentlichte sein *Optisches Maass,* weiter folgten ihm in seinen Theorien Charles Buls, Stadtbaumeister von Brüssel; Theodor Fischer in München und Fritz Schumacher erst in Köln und dann in Hamburg mit ihren Städtebaukonzepten; Raymond Unwin, Hermann Joseph Stübben, Cornelius Gurlitt mit ihren Handbüchern sowie der Kunsthistoriker Albert Erich Brinckmann; und in Italien Ugo Monneret de Villard, Giuseppe De Finetti, Gustavo Giovannoni, Marcello Piacentini sowie viele andere. Die von ihnen entwickelten Gestaltungsprinzipen und Überlegungen zur Raumwahrnehmung wie auch der daraus entstandene Zeitgeschmack verbreiteten sich über Zeitschriften sowie durch die Lehre und beeinflussten auf diese Weise moderne und weniger moderne Architekten.
Bereits während des Zweiten Weltkriegs erhielten diese Tendenzen Unterstützung von der prestigeträchtigen Zeitschrift *The Architectural Review,* besonders von ihrem Mitherausgeber, dem Kunsthistoriker Niklaus Pevsner, der seine Schriften zum Thema «Townscape» in einem, posthum veröffentlichten, Buch mit dem vielsagenden Titel *Visual Planning and the Picturesque* gesammelt hatte.
Giulio Bettini fügt mit seiner Arbeit über die Architekten Asnago und Vender der Rekonstruktion der, um mit Pevsner zu sprechen, formalen Dimension des Malerischen in der Moderne einen wichtigen Baustein hinzu. Dieses Moment der Gestaltung in der Architektur der

Moderne ist nur selten aufgegriffen und noch viel weniger erforscht worden, da der modernen Architekt in seinem bierernsten Habitus ihn – irrtümlich – für eine frivole Angelegenheit hält.
Die unentbehrliche Monografie aus dem Jahr 1998, die Cino Zucchi gemeinsam mit Francesca Cadeo und Monica Lattuada unseren beiden Architekten widmet, konzentriert sich in erster Linie auf die raffinierte Anordnung der Entwurfselemente und die abstrakten Formen der Fassadengestaltung. Zucchi vernachlässigt keineswegs die Wirkung ihrer Bauten im Stadtraum, Giulio Bettini jedoch macht aus den «Existenzmodi» der Architekturen das Hauptthema seiner Untersuchung. Nicht aus Zufall fokussiert er das Spätwerk der 1960er Jahren, komplexe Bauten, die sich durch ihre «bewegte» Volumetrie auszeichnen: Dächer und Traufen prägen den Stadtraum; leichte, kaum wahrnehmbare und eigenwillige Deformationen stellen das Auge auf die Probe, da die Wahrnehmung die reale Form in Frage stellt. Trotz der oft äusserst sparsam verwendeten Gestaltungsmittel reizen die Gebäude die Aufmerksamkeit des Passanten, sie zwingen ihn, genau hinzusehen, und schaffen in einem sonst eher banalen städtischen Umfeld beinahe unbemerkt einen im Wesentlichen formalen visuellen Zielpunkt.
Asnago und Vender haben uns fast nichts Schriftliches über ihre «künstlerischen Grundsätze» hinterlassen, die sie in ihrer Wahl der Gestaltungsmittel leiteten. Gut möglich, dass dieses Manko der Grund ist für die mangelnde Beachtung, die ihre Werke von Seiten der Rezeption erfahren haben – eine bestimmte Architekturhistoriographie ist wenig geneigt, das gebaute Werk als primäres Zeugnis und unweigerlichen Ausgangspunkt der hermeneutischen Arbeit zu akzeptieren, wenn sie ganz auf die «architektonische Poetik» des Architekten ausgerichtet ist. Dagegen ist es wenig erstaunlich, dass es gerade die besten Architekten sind, die eintauchen in das Mailand jener Jahre, um die Werke Asnagos und Venders zu bewundern.
Die von den Architektinnen Lisa Euler und Tanja Reimer im Rahmen des vorausgegangenen BSA Forschungsstipendiums vorgenommene Untersuchung der sogenannten «Klumpen» – grossdimensionierter, multifunktionaler Gebäudekomplexe – führt die stadträumlichen Defizite dieses Gebäudetyps klar vor Augen. Mit der Wahl des Vorschlags von Giulio Bettini für das vierte Forschungsstipendium setzen wir vom Begleitgremium[1] darauf, dass die Architektur Asnagos und Venders, die vom Autor mit Gespür für ihre Feinheiten sorgfältig dokumentiert wurde, einen Weg aufzeigen kann, den heutigen Flaneur wenigstens teilweise mit einem Reichtum an Bildern, Nutzungen und Funktionen zu entschädigen, an dem es heutzutage vielen anonymen «Klumpen» mangelt.

1 Begleitgremium des Forschungsstipendiums BSA 2015/16: Elisabeth Boesch, Harry Gugger, Bruno Reichlin, Thomas Schregenberger und Astrid Staufer.

Vier herausragende Präsenzen

Giulio Bettini

1

2

1 Still aus dem Film *La Notte* von Michelangelo Antonioni, 1961, Via Lanzone, Mailand
2 Via Lanzone, Mailand, 2015

Mailand, 1961. Im Film *La Notte* von Michelangelo Antonioni lässt sich Lidia (Jeanne Moreau) gedankenverloren durch die fast menschenleere Stadt treiben. Die Stadt ist hier nicht nur Kulisse: Die Art und Weise, wie sich die Protagonistin durch den städtischen Raum bewegt, erinnert eher an die Verhältnisse in einem Innenraum. Die Stadt erscheint wie ein privater Ort, fast intim, wie eine Erweiterung ihrer Wohnung. Genau darin besteht das «Phänomen Mailand»: In diesem von seinen Strassen und Plätzen im Zusammenspiel mit den «Wänden» der homogenen Fassaden definierten Stadtraum kann sich der Flaneur beinahe wie in einer Wohnung fühlen. Der Stadtraum bietet also eine unerwartete Intimität, während die modernen, von Antonioni ausgewählten Gebäude bei den Figuren offenbar ein Gefühl von Unbehagen verursachen. Der einzige Ort, an dem in den Stadtszenen ein echter Dialog geführt wird, ist das Wohn- und Geschäftshaus von Mario Asnago (1896–1981) und Claudio Vender (1904–1986) aus dem Jahr 1950 in der Via Lanzone – im Film eine Klinik.
Auf dem Weg dorthin durchqueren Giovanni (Marcello Mastroianni) und Lidia eine Reihe von Plätzen und Strassen, die in ein einheitliches Grau getaucht sind, von dem sich das weisse Klinikgebäude als herausragende Präsenz abhebt. Im Gegensatz zu den anderen modernen Gebäuden im Film wird die Klinik in der Via Lanzone als Fortsetzung der historischen Stadt in zeitgenössischem Gewand präsentiert.
Wie die Kameraeinstellung der Ankunftsszene vor Augen führt, steht das Gebäude zwar im Dialog mit der Umgebung, passt sich ihr aber nicht vollständig an: Das strahlende Weiss bildet einen Kontrast zu den angrenzenden grauen Gebäuden, die Fensteröffnungen jedoch nehmen den Rhythmus der Fassaden der Nachbarbauten auf und schaffen so eine Verbindung zur historischen Stadt.
Diese Art von «Erscheinungen» sind für den Mailänder Flaneur kein Einzelphänomen. Auch andere Gebäude von Asnago und Vender zeichnen sich dadurch aus, dass sie optisch aus dem homogenen Stadtraum hervortreten, ohne sich ganz von ihm zu lösen. Exemplarisch für solche besonderen Präsenzen sind die Gebäude in der Via A. Albricci (1939–58), in der Via A. Verga 4 (1964), an der Piazza Ss. Trinità 6 (1967–69) und in der Via della Signora (1966–70): Durch das Befolgen der für den Mailänder Stadtraum typischen Regeln und deren gleichzeitiges offenkundiges Übertreten erhalten sie ihren unverwechselbaren Charakter, der altbekannt und neuartig zugleich erscheint.
Eine eingehende Betrachtung zunächst der vier genannten Gebäude und dann des gesamten Mailänder Werkes von Asnago und Vender soll die Kenntnis über die Mechanismen vertiefen, die dieses spezielle Gleichgewicht zwischen dem einzelnen Bauwerk und dem Stadtraum ausmachen.

Via A. Albricci 8, Via A. Albricci 10, Piazza Velasca 1

1939–58

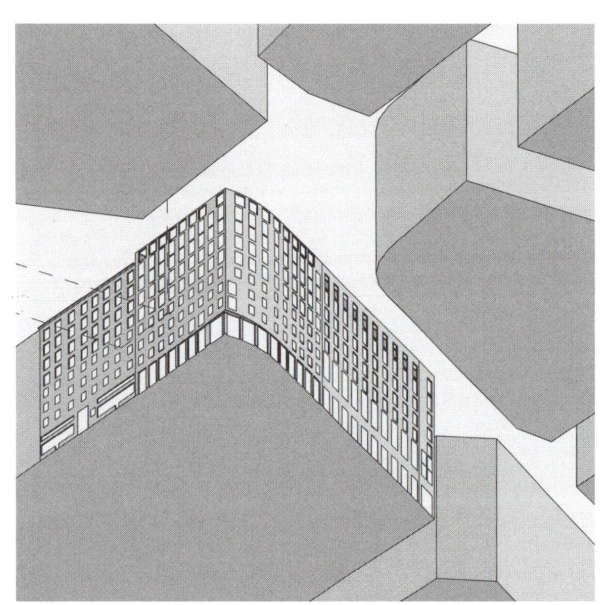

Via A. Verga 4

1964

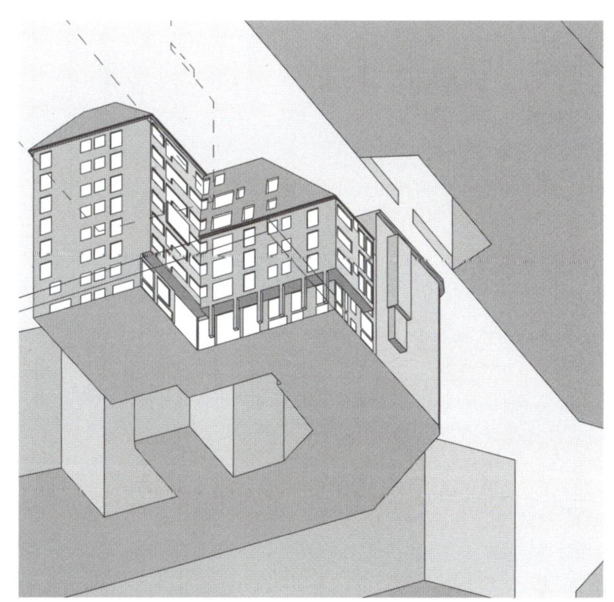

Piazza Santissima Trinità 6 / Via Giannone 9

1969

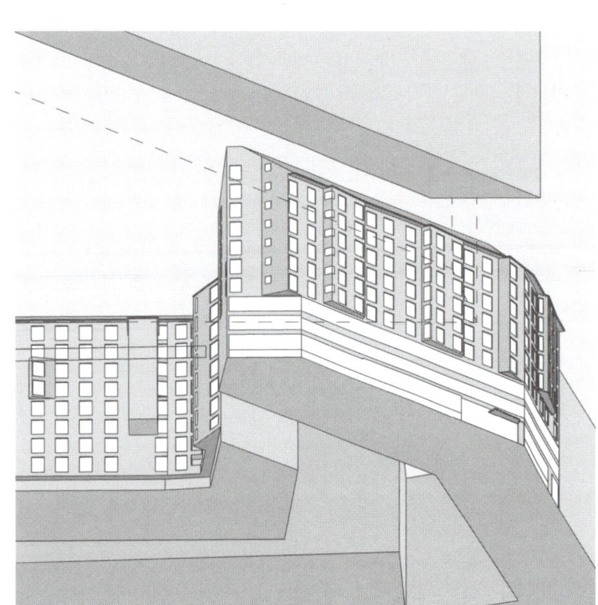

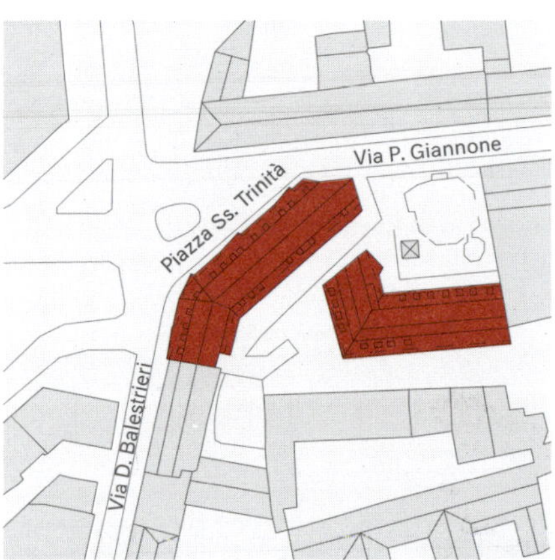

Via della Signora 2

1970

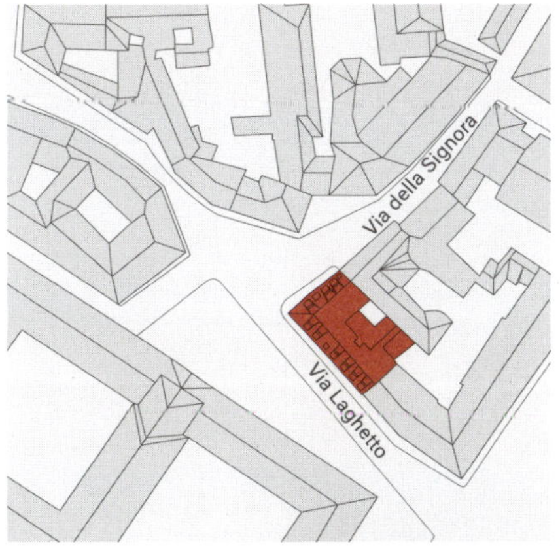

Die Bauten von Asnago Vender in Mailand

1	1931	Via Mac Mahon 32
2	1932	Via G. Previati 11
3	1933	Via D. Manin 33
4		Via Mac Mahon 42
5		Via F. Caracciolo 63
6	1934	Via Euripide 7
7		Via G. Previati 13
8		Via M. Bianchi 20, 22
9	1935	Via Catone 17
10		Via Euripide 9
11		Viale Tunisia 50
12	1937	Via Euripide 1
13	1939	Via A. Albricci 8
14		Via Col Moschin 3
15	1940	Viale Ortles 36
16	1947	Via C. Balbo 1
17	1948	Piazza Sant'Ambrogio 14
18		Via Plutarco 13
19	1950	Via Paolo da Cannobio 33
20		Via Lanzone 4
21	1952	Piazza Velasca 4
22	1953	Via F. Faruffini 6
23	1954	Via F. Baracchini 10
24	1955	Via Senofonte 9 / Via Plutarco 15
25	1956	Via A. Albricci 10
26	1958	Via U. Foscolo 4
27		Via Padova 175
28	1961	Corso Sempione 75
29	1962	Via G. Rossini 6-8
30		Corso di Porta Nuova 52
31	1964	Viale Caterina da Forlì 40
32		Via A. Verga 4
33	1965	Via F. Baracchini 12
34	1966	Via Pisanello 8
35	1967	Via P. Giannone 9 / Piazza Santissima Trinità 6
36	1970	Via della Signora 2

5
4
1
28
11
30
35
3
24
10
6
12
18
2
7
8
22
26
32
17
20
23
13
33
36
19
25
21
14
16

Regeln und Variationen

Die Mailänder Traditionen und ihre Neuinterpretation

3

3 Piazza Ss. Trinità 6, 1969

Eine aus Strassen aufgebaute Stadt

Die cortina als Grenze und Möglichkeit

4

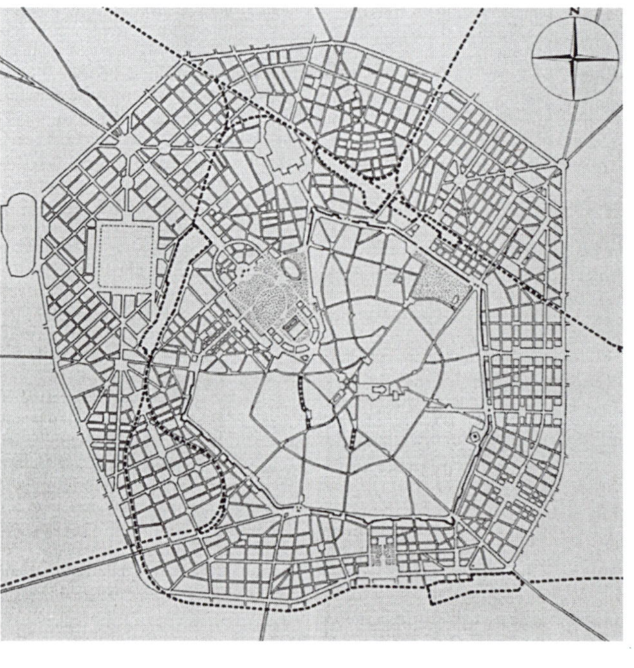

5

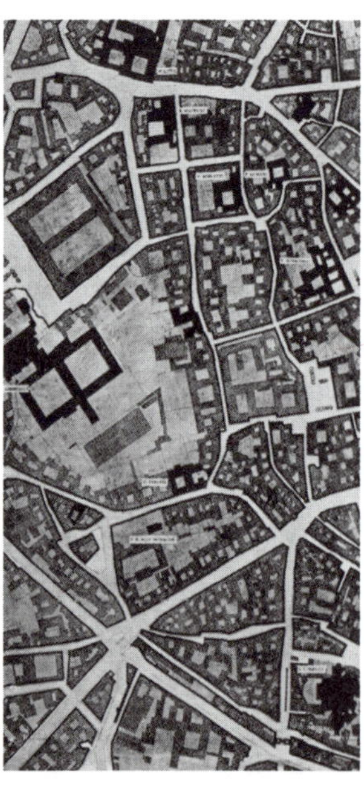

6

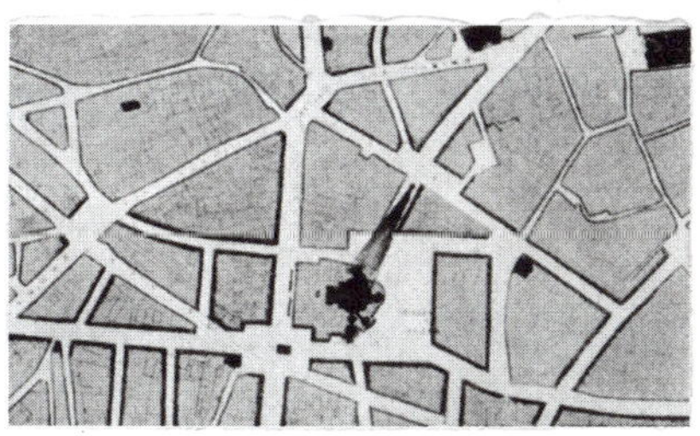

7

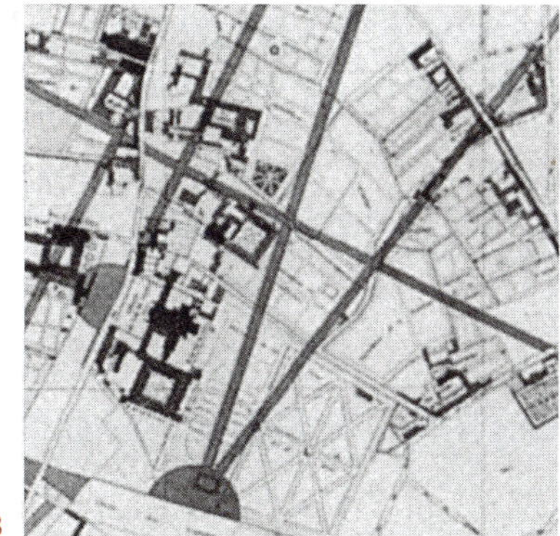

8

9

4 *Piano dei rettifili,* Mailand, 1807
5 *Piano Beruto,* Mailand, 1889
6 Geometrische Stadtentkernungen: Die Viertel Sant'Ambrogio und San Lorenzo in ihrem heutigen Zustand (oben) und in dem Wettbewerbsentwurf von Piero Portaluppi und Marco Semenza (unten). Die städtebaulichen Veränderungen des neuen Mailänder Bebauungsplanes (Entwurf von Piero Portaluppi, 1926, Ausführungsplan von C. Albertini, 1934) überlagern das historische Strassennetz mit einem neuen Raster in grossem Massstab und stark geometrischer Gewichtung. Einige italienische Architekten, die für die Form der historischen Stadt empfänglich waren, sahen in einer ausgeklügelten Ausarbeitung der einzelnen Gebäude einen Ausgleich zur fehlenden Präzision des Planes im kleinen Massstab.
7 Ortssequenzen: Neuordnung des Viertels San Lorenzo im Wettbewerbsbeitrag *Forma urbis mediolani* des Club degli architetti urbanisti, 1926. Der Club schlägt eine unter Berücksichtigung des Verkehrsaspekts entwickelte Abfolge von Stadträumen vor, die im Einklang mit den historischen Trassen und den bestehenden Monumenten stehen.
8 *Plan des artistes,* Paris, 1793: Das neue Strassennetz ist hier als Fläche über das bestehende Strassengefüge gelegt.
9 *Piano dei rettifili,* Mailand, 1807: Entstehung des architektonischen Phänomens der *cortina* (Fassadenvorhang): Die neuen Strassenzüge werden von den Fassaden (dicke Linien) bestimmt.

«Dass das in Mailand während seines siebzigjährigen gewaltigen Wachstums verfolgte Bebauungskonzept – vor allem in stadtplanerischer Hinsicht – schlecht ist, wissen wir: Die *cortina di case* [wörtlich Häuservorhang, Anm. d. Ü.] sperrt die Strassen gleichsam mit einem grossen Mauerwall ein und verhindert jeglichen Ausblick nach rechts oder links. Dies war so und ist immer noch so, weil es die Bauordnung erlaubt, und das ist der Hauptgrund für die Hässlichkeit gewisser Strassen in dieser Stadt.»[1]
Gio Ponti

Ponti (1891–1979) zeichnet ein düsteres Bild der Strassen in Mailand: «Mauerwälle», die den Blick in lange Fluchten zwängen, ohne dass dieser seitliche Ruhepunkte finden kann. Wie gelingt es, dass die vier zuvor erwähnten «herausragenden Präsenzen» aus dem Mailänder Stadtbild hervortreten, ohne jedoch aus ihm herauszufallen? Zur Beantwortung dieser Frage muss man zunächst die Entwicklung des Stadtraums in Mailand verstehen, um dann ermessen zu können, inwieweit sich die Werke von Asnago und Vender davon absetzen.

Heute kann man Mailand als eine Stadt mit einem homogenen Strassenbild beschreiben, doch im 18. Jahrhundert vermitteln Königliche Edikte uns ein Bild von Strassen voller Händler und Privatgärten, was deren Reinigung und Instandhaltung erschwerte.[2] Erst gegen Ende des Jahrhunderts entstehen Orte, an denen unkontrolliertem Wachstum oder privater Nutzung des Strassenraums Einhalt geboten wird; zwei gute Beispiele hierfür sind die Neugestaltung der Fassade des Palazzo Reale sowie der Neubau des Teatro alla Scala, beides Werke von Giuseppe Piermarini (1734–1808) und 1778 vollendet. Im Vergleich dazu muss der Rest der Stadt sowohl in hygienischer als auch in ästhetischer Hinsicht veraltet gewirkt haben. Um diesem Manko entgegenzuwirken, werden im Jahr 1777 der *Piano delle Strade* (Strassenplan) erstellt und das Amt des *Giudice delle Strade* eingeführt, dessen Aufgabe es ist, die Anträge für Neubauten an das Kollegium aus Ingenieuren, Architekten und Landvermessern weiterzuleiten, damit «die Bauwerke der Stadt zur Zier derselben beitragen».[3]

Der Strassenraum wird somit zum Gegenstand öffentlicher Kontrolle und durch die Prüfung der Fassadengestaltung zum Ort der Debatten über das neue Stadtbild. Diese wichtige Kontrollfunktion erlangt erst mit Einsetzung der *Commissione d'Ornato* im Jahr 1807 ihre vollumfängliche Gültigkeit. Die für das «Zierwerk» – die Bebauung als «Schmuck» einer Strasse – zuständige Kommission bestimmt, welche Unterlagen für die Antragstellung notwendig sind: Fassadengrund-

1 Ponti 1951, S. 1.
2 Cesareo reale dispaccio 1785.
3 Collegio degli Architetti di Brera, 1775, vgl. Homann 2003, S. 54–55.

riss, -schnitt und -aufriss sowie eine Detaillierung in vergrössertem Massstab. Auf diese Weise verfügt die Stadt über ein fassadenorientiertes Instrument zum Aufbau des Stadtbildes sowie eine Grundlage zu seiner Debatte.[4] Noch im gleichen Jahr wird im Auftrag der Kommission der *Piano dei rettifili*[5] (Plan der geraden Achsen) ausgearbeitet, der die Verbindung verschiedener Stadtteile durch neue Strassen nach dem Vorbild des Pariser *Plan des artistes* aus dem Jahr 1793 vorschlägt. Im Mailänder Plan sind im Gegensatz zum Pariser Plan, in dem die Strassen als Flächen auswiesen werden, die neuen Fassadenfronten, die zur Anlage der Strassenzüge über das bestehende Strassennetz gelegt werden, durch dicke Linien markiert. Diese dicken Linien sind die Geburtsstunde des Fassadenvorhangs, der *cortina:* die Tiefe der Fassaden – und nicht einfach die Flucht – als architektonisches Element zur Definition des öffentlichen Raumes. Das einzelne Bauwerk wird so dem Gesamtbild untergeordnet und wird das Vorbild für die Mailänder Stadtplanung der kommenden Jahrhunderte.
Mitte des 19. Jahrhunderts wird ein neuer Bebauungsplan zur Lenkung des raschen Wachstums der Stadt notwendig, mit dessen Ausarbeitung man den Ingenieur Cesare Beruto (1835–1915) beauftragt. Sein Vorschlag aus dem Jahr 1884 konzentriert sich auf die Stadthygiene und das Strassennetz. Bei der Präsentation des Plans vor dem Stadtrat weist Beruto auf die positiven Seiten einer nicht weiter erläuterten «Vielgestaltigkeit» bei der Trassierung der Verkehrsachsen hin: «Wenngleich das Strassennetz auch nicht unbedingt alle Bedürfnisse des Auges befriedigt», so führt er weiter aus, «muss man ihm dennoch zugutehalten, dass es all den Erfordernissen des Strassennetzes aufs Beste genügt», womit er eindeutig die Prioritäten seines Planes definiert.[6] Wenn sich der Plan auch nicht gerade durch Innovation auszeichnet, so geht doch die für die Mailänder Stadtentwicklung grundlegende Idee auf Beruto zurück, dass zunächst die Hauptstrassenachsen angelegt werden und sich erst daraus die Häuserblocks entwickeln.
Beruto hat es verstanden, die Vision des *Piano dei rettifili* mit den Prinzipien der Strassenhygiene des ausgehenden 19. Jahrhunderts zu verbinden. Er legt die «Matrix» fest, auf der die Stadt wachsen kann. Der nächste grosse Bebauungsplan, der Plan Pavia-Masera aus dem Jahr 1911, aktualisiert und ergänzt diese Grundlage, verändert sie jedoch im Wesentlichen nicht.

4 Das Material im Archivio Fabbriche Ornato der Stadt Mailand zeigt, dass das Hauptinteresse der Kommission dem architektonischen Ausdruck der Fassade im Stadtraum galt. Im Gegensatz zu den Grundrissen der Bauwerke (für eine Bewertung der Hygiene) sind die Fassaden in grossformatigen Plänen dargestellt. Darüber hinaus nimmt die Detaillierung der Fassadenabschlüsse und der Dekorationen einen beträchtlichen Teil der Pläne ein, was ihre Wertigkeit im Entwurfskonzept unterstreicht.

5 Erstellt von L. Canonica, L. Cagnola, G. Albertolli, P. Landriani und G. Zanoja.

6 *La Milano del piano Beruto* 1992, S. 227–238.

Der Club degli architetti urbanisti

Eine neue Vorstellung von der Stadt

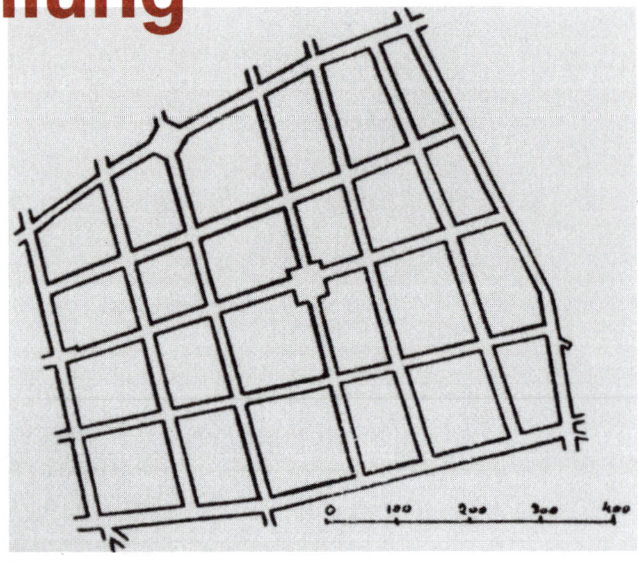

13

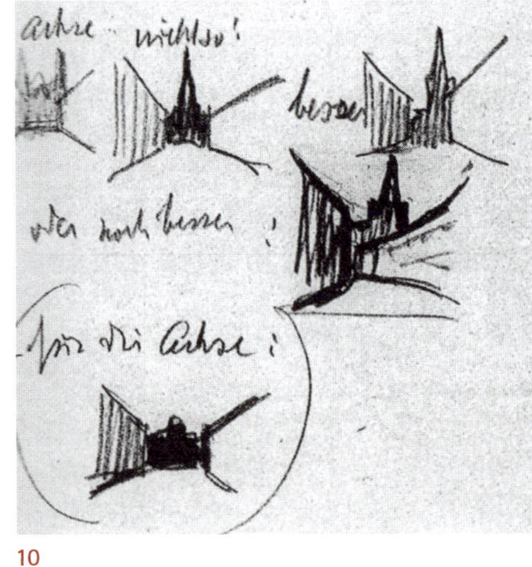

10

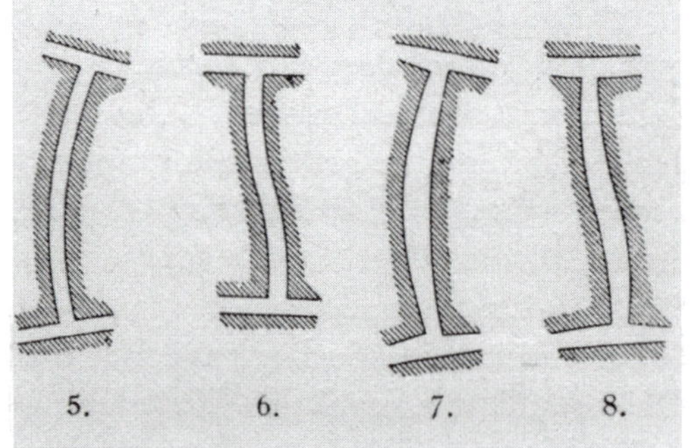

11

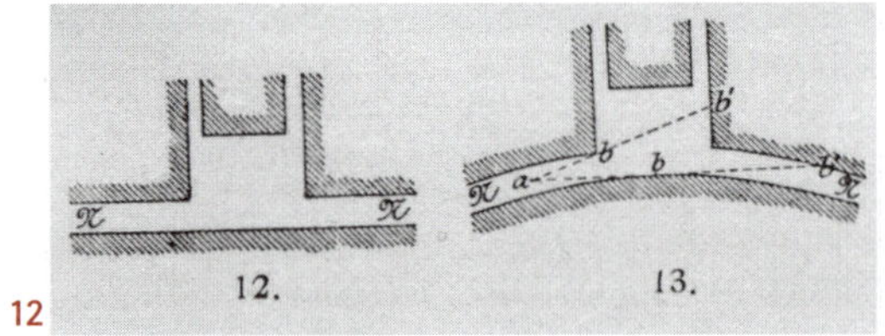

12

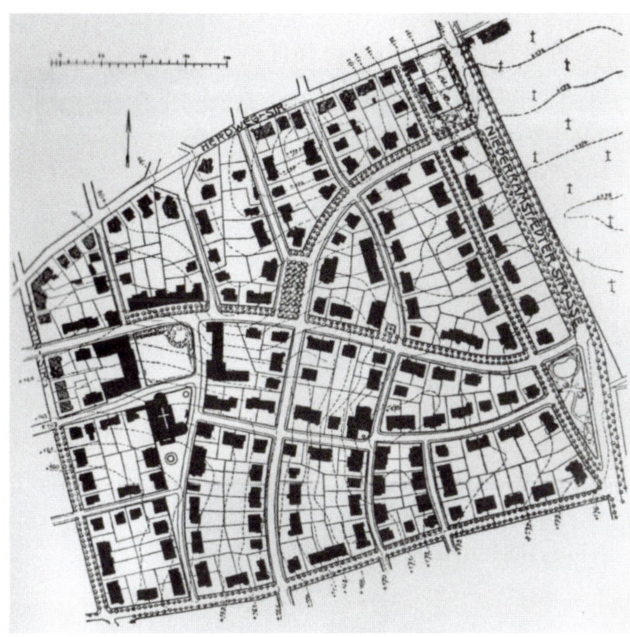

14

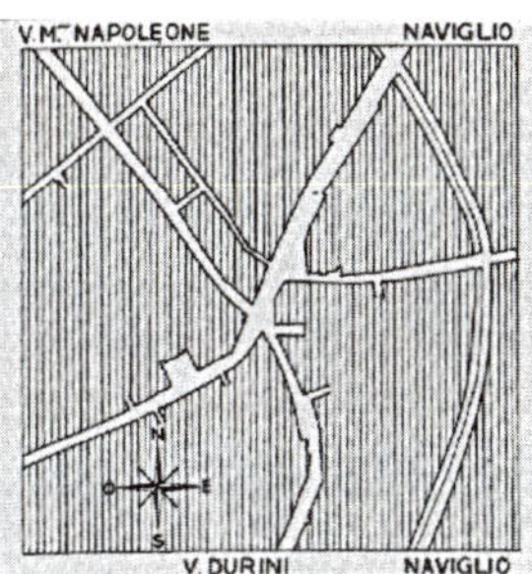

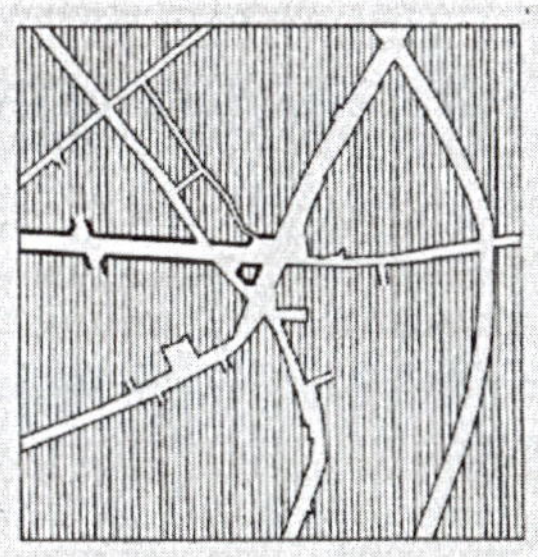

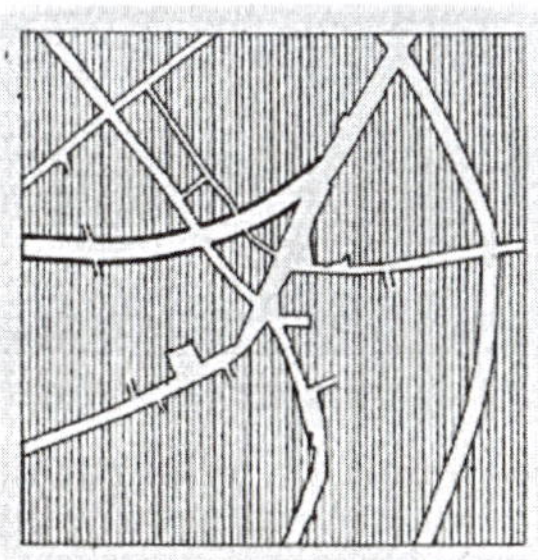

15

10 Theodor Fischer (1862–1938), Studienskizze für seine Vorlesungen (im Uhrzeigersinn: «nicht so», «besser», «noch besser»)

11/12 Karl Henrici, Schemata zur Strassengeometrie: «Ziemlich gleichgültig lassen demnach die indifferenten Krümmungen in Abbildg. 5 u. 6, wohingegen die verhältnismässig stärker gekrümmten Konkaven in Abbildung 7 und 8 entschieden günstigere Wirkungen versprechen. [...] Wenn [...] die Strasse wie in Abbildg. 13 gekrümmt ist, dann wird solche Platzerweiterung an der Konkavseite schon bedenklich und bewirkt die scheinbare Verkürzung des Weges, weil die konvexe Seite aus dem Bilde verschwindet und sich hier wiederum die entfernteren Punkte b1b1 dem näheren Punkte anzusetzen scheinen.» (Henrici 1893; veröffentlicht auch in Henrici 1905, S. 90–91)

13/14 Die Stadt der Ingenieure und die Stadt der Architekten: Stadtbezirk in Darmstadt im Entwurf der kommunalen Stadtverwaltung und im Entwurf des Architekten Friedrich Pfützer. In dem zweiten Projekt, das den Prinzipien der Stadtbaukunst folgt, sind die Achsen bewusst gekrümmt, so dass eine Abfolge von urbanen Räumen und visuellen Zielpunkten entsteht, wodurch jeder Strassenabschnitt eine eigene Identität erhält.

15 Stadtbaukunst in Mailand: Die Piazza San Babila aus dem Wettbewerbsprojekt *Forma urbis mediolani* des Club degli architetti urbanisti, 1926
Oben: Die Piazza San Babila in ihrer ursprünglichen Situation
Mitte: Situation entsprechend des Plans von 1912
Unten: Der Vorschlag aus dem Projekt *Forma urbis mediolani* von 1926, der eine gekrümmte Strasse vorsieht, damit die bestehende Strassenstruktur beibehalten werden kann und gleichzeitig die Strassenkreuzungen reduziert werden.

In den 1920er Jahren macht das allzu sehr auf das Zentrum konzentrierte Wachstum, das die Stadt lähmte, die Erarbeitung eines neuen Bebauungsplans nötig. 1926 wird ein Wettbewerb ausgeschrieben, an dem erstmals auch Architekten und nicht nur Ingenieure teilnehmen können, was das Diskussionsspektrum zur Entwicklung der Stadt und ihrer Gestaltung wesentlich erweitert. In diesem Zeitraum formiert sich um den Architekten Giuseppe De Finetti (1892–1951) der Club degli architetti urbanisti (Club der Stadtplaner-Architekten). De Finetti hat zuvor in Wien studiert, der Hauptstadt der Kultur der «Stadtbaukunst»[7], deren Prinzipien Camillo Sitte (1843–1903) im Jahr 1889 in seinem Buch *Der Städtebau nach seinen künstlerischen Grundsätzen* zusammenfasste. De Finetti führte als erster Sittes Ideen in Mailand ein, wo das Interesse angesichts der mangelnden Debatte über Städtebau gross ist. Wie uns Giovanni Muzio (1893–1982) in Erinnerung ruft, hat sich bis zum Wettbewerb 1926 tatsächlich kein Architekt dafür interessiert.[8] Das von dem Club degli architetti urbanisti (bestehend aus Giuseppe De Finetti, Giovanni Muzio, Gio Ponti, Alberto Alpago Novello und Ferdinando Reggiori) ausgearbeitete Projekt mit dem Titel *Forma urbis mediolani*[9] hat einen künstlerischen Anspruch und kommt nach dem eher «technisch» geprägten Siegerentwurf von Piero Portaluppi und Marco Semenza nur auf den zweiten Platz.[10] Doch in dem langen Zeitraum, der zwischen der Ausarbeitung des Plans und der Beschlussfassung 1934 liegt, gewinnen die Kritiken des Club degli architetti urbanisti derart an Bedeutung, dass sie zumindest teilweise in den endgültigen Bebauungsplan einfliessen.

Worin besteht das neue Interesse am Städtebau, das seinen Ursprung in Wien hat? Die Schriften Sittes haben die bislang geltenden Vorstellungen der Stadtplanung zunichtegemacht, indem sie das Interesse weg vom Plan hin zum Raum lenken. Die Untersuchung städtebaulicher Situationen in der Vergangenheit (von der Renaissance bis zum Barock) wird zum konzeptionellen Instrument für neue Planungs-

7 Das Italienische kennt verschiedene Begriffe für den deutschen Terminus «Stadtbaukunst» bzw. das französische «urbanisme», darunter «arte urbana», «l'arte di costruire la città», «urbanismo», «urbanistica», «arte pubblica», «arte civica» und «estetica urbana», vgl. Zucconi 1989, S. 109. Obwohl es keine eindeutige Bezeichnung gibt, nimmt die Debatte über die deutsche Tradition der «Stadtbaukunst» – sowohl auf theoretischer wie auch auf praktischer Ebene – in Italien einen eigenen Weg, der hier mit dem Begriff *arte urbana* bezeichnet wird.

8 Vgl. Airoldi 1979, S. 17.

9 Der Titel des Wettbewerbsbeitrags schliesst an die mittelalterliche Stadttradition an und zeigt das Interesse des Club degli architetti urbanisti an der Geschichte der Stadt und ihrer Monumente, wie auch die gleichnamige Publikation von Ugo Monneret de Villard aus dem Jahr 1912 belegt, die sich als Ergänzung zur Stadtplanung verstand.

10 Piero Portaluppi, Architekt (1888–1964), und Marco Semenza, Verkehrsingenieur, erarbeiteten einen Plan, der das Strassennetz in den Mittelpunkt stellt, während sich der Club degli architetti urbanisti auf die Form der Stadt konzentrierte. Marcello Piacentini schreibt hierzu: «Unter dem Gesichtspunkt, welcher Entwurf den Charakter der Stadt am stärksten berücksichtigt, muss das Projekt *Forma Urbis Mediolani* als das Beste bewertet werden.», vgl. Piacentini 1927–1928, S. 159.

strategien. So werden die regelmässigen Strassenraster technisch-funktionalen Ursprungs mit Rücksicht auf die städtische Struktur und auf die bestehenden Denkmäler ergänzt, demzufolge die Strassen in ihrem Verlauf gekrümmt und in der Breite variiert werden. Ein besonderes Augenmerk kommt den entlang des Strassenraums verteilten visuellen Zielpunkten zu. Auch wenn diese Themen im Plan dargestellt sind, stehen sie dennoch immer in einem Zusammenhang mit der persönlichen Wahrnehmung «vom Gehweg aus», wie aus den Schriften Sittes klar hervorgeht.

> «Die alten Anlagen [wurden] eben nicht am Reißbrett konzipiert, sondern [entstanden] allmählich *in natura*, wobei man ganz von selbst alles dasjenige berücksichtigte, was dem Auge *in natura* auffällt, aber alles andere mit Gleichgültigkeit behandelte, was nur am Papier sichtbar wird.»[11]

Stadträumliche Inszenierung

Die von Vorbildern der Vergangenheit inspirierten stadträumlichen Situationen werden nicht punktuell, sondern entsprechend einer Dramaturgie geplant. Von einem regelmässigen Schema ausgehend, werden die städtischen Räume so verändert, dass sie dem Betrachter Sequenzen verschiedener Wahrnehmungssituationen bieten. So gesehen, könnten die von Sitte oder seinen Schülern für einige Städte erarbeiteten Pläne wie das Ergebnis eines «Formalismus der Kurve» erscheinen. Bei näherer Betrachtung stellt man jedoch fest, dass die Strassen nicht nur zur Rettung altehrwürdiger Monumente oder zur Wiederaufnahme bestehender Trassen gekrümmt wurden, sondern dass sie auch einen «Parcours» innerhalb der Stadtlandschaft bilden, der mit einer langen Kamerafahrt im Film vergleichbar ist. So beschreibt Monneret de Villard Friedrich Pfützers Entwurf für Darmstadt:

> «Die Strasse, die zur Kirche führt, weitet sich und bildet einen Platz aus [...]. Die Kirche selbst kann man nur aus einer angemessenen Distanz vollständig sehen. In den kurvigen Strassen folgt die Ausrichtung der Häuser nicht exakt der Strassenlinie, vielmehr bilden die Häuser im konvexen Teil der Strasse konkave Fassaden aus, weil sie so besser zur Geltung kommen.»[12]

Ebenfalls auf diese Weise sind die Raumkonstrukte der Anhänger der Stadtbaukunst von Camillo Sitte gestaltet, die sich in dem Wettbewerbsbeitrag des Club degli architetti urbanisti von 1927 wiederfinden und auf diese Weise auch Mailand erreicht haben.[13] Giovanni Muzio

11 Sitte 1889, S. 60–61.
12 Ugo Monneret de Villard 1908, S. 234.
13 Die Raumdramaturgie der gekurvten Strasse wird detailliert behandelt in Henrici 1905; das Thema wird auch bei Fischer 1922 vertieft.

bemerkt hierzu: «Man musste sich über das einzelne Bauwerk hinaus um die Gesamtheit der Bauten kümmern. Es ergab sich also von selbst, dass sie [die Mitglieder des Club degli architetti urbanisti] sich mit der Stadtbaukunst beschäftigten, die bis dahin bei uns in Italien vernachlässigt worden war [...].»[14]

Der Kontakt nach Italien

Ist es denkbar, dass die «Manipulationen», die Asnago und Vender im Mailänder Stadtraum vornahmen, zumindest teilweise auf diese Tradition zurückzuführen sind? In den frühen 1920er Jahren studierten die beiden Architektur an der Accademia di Belle Arti di Brera,[15] und es ist interessant zu verfolgen, wie der Einfluss der Stadtbaukunst seinen Weg in die Akademie gefunden hat. Das Ganze nimmt nicht in Wien mit Camillo Sitte seinen Anfang, sondern in Brüssel mit dem Stadtbaumeister Charles Buls (1837–1914), der einige Baumassnahmen vorgeschlagen und durchgeführt hat, die auf Sittes Prinzipien beruhen. Sein Buch *Esthétique des villes* aus dem Jahr 1893 erreicht schnell die italienische Leserschaft (Französisch blieb trotz der Herrschaft der Habsburger in Italien im Bereich der Kultur die bevorzugte Sprache), und die Associazione Artistica fra i Cultori di Architettura in Roma lädt Buls nach Italien ein; er hält diverse Vorträge, die von der Associazione 1903 unter dem Titel *Estetica delle città* veröffentlicht werden.[16] Diese kleine Publikation zeitigt einen grossen Einfluss auf der Halbinsel. Ugo Monneret de Villard (1881–1954), Italiener mit französischen Wurzeln, macht die Ideen der Stadtbaukunst in Italien bekannt und greift in seinem Aufsatz, der zwischen 1907 und 1908 in drei Teilen in der Zeitschrift *Il monitore tecnico* veröffentlicht wird, auf die Schrift von Buls zurück. Zeitpunkt und Ort der Diskussion sind nicht zufällig: Es ist die Zeit, in der die Ingenieure gerade die Bebauungspläne für die Erweiterungen der grossen Städte ausarbeiteten, und die Leserschaft der Zeitschrift, die sich vor allem an die ehemaligen Studenten des Mailänder Polytechnikums richtet, besteht grösstenteils aus Ingenieuren.[17] Monneret de Villard versucht mit seinen Artikeln folglich nicht nur, dem italienischen Publikum die Themen der Stadtbaukunst näherzubringen, sondern auch die Ingenieure dafür zu sensibilisieren.

14 Muzio 1931, S. 1087.

15 Mario Asnago und Claudio Vender besuchten den Architekturkurs von 1918 bis 1922 und eröffneten 1927 ihr eigenes Büro.

16 Buls 1903.

17 Bis 1931 gab es keine Fakultät für Architektur am Mailänder Polytechnikum, sondern einen gemeinsamen Architekturkurs mit der Accademia di Belle Arti di Brera. Der vollständige Titel der Zeitschrift lautet *Il monitore tecnico. Giornale d'ingegneria, architettura, meccanica, elettrotecnica, ferrovie, agronomia, catasto e arti industriali* (Zeitschrift für Ingenieurwesen, Architektur, Mechanik, Elektrotechnik, Eisenbahnwesen, Agronomie, Katasterwesen und Kunstgewerbe).

1913 ist Monneret de Villard an der Accademia di Brera tätig, was vermuten lässt, dass seine Ideen auch Eingang in die Lehre finden. Neben Monneret unterrichtet im Architekturkurs auch Gaetano Moretti (1860–1938, Lehrauftrag von 1910 bis 1935), der sich sehr für die Fragen der Stadtbaukunst interessiert.[18] Monneret de Villard würdigt diese wichtige Funktion Morettis in Italien und widmet diesem sein Buch *Note sull'arte di costruire le città* aus dem Jahr 1907.[19] Es ist folglich sehr wahrscheinlich, dass Moretti sein Interesse an der Stadtbaukunst auch seinen Studenten vermittelt, darunter Asnago und Vender. Auch wenn man in den Kursprogrammen keinen direkten Hinweis finden kann, wissen wir, dass Moretti 1917 vorschlägt, an der Akademie Seminare und Vorträge zu den neuen, im künftigen Lehrplan des Polytechnikums vorgesehenen Disziplinen einzuführen, darunter «Stadtbauwesen» und «Bebauungspläne».[20] Während seiner häufigen Fehlzeiten an der Akademie[21] lässt sich Moretti von Piero Portaluppi vertreten,[22] der sein Interesse an Themen des Städtebaus im Wettbewerb von 1926 konkretisiert.
Asnago und Vender befinden sich folglich während ihrer Ausbildung im Zentrum der Debatte über den Stadtraum. Es gibt keine Belege dafür, dass die beiden Architekten aktiv an der theoretischen Diskussion teilnehmen. In einem Brief ergreift Vender jedoch Partei für die «künstlerische» Fraktion, die die Prinzipien Sittes verficht, als er sich kritisch über die Fakultät für Architektur äussert, die am Mailänder Polytechnikum eingerichtet werden sollte.[23] Durch ihre berufliche Tätigkeit sind sie jedoch wesentlich an der Debatte beteiligt. Bei ihren Mailänder Werken handelt es sich fast ausschliesslich um die Ergänzung bereits bestehender Blockrandbebauungen, bei denen eine Bezugnahme zum städtischen Umraum unumgänglich ist. Viele ihrer Arbeiten können wir heute als Versuch deuten, diesen Raum zu modulieren, so dass es den beiden Architekten de facto gelang, einige Prinzipien der Stadtbaukunst in Mailand zu interpretieren und konkret umzusetzen.

18 Moretti stand der regionalen Denkmalbehörde in Mailand vor, später der Denkmalbehörde Venetiens. 1905 nahm er am Congresso artistico di Venezia teil, der sich mit den Vorträgen der Kunstkritiker Corrado Ricci («Alte Plätze und neue Monumente») und Ugo Ojetti («Das Vorurteil gegenüber den geradlinigen Achsen und der Kunst der Strassen») für die Stadtbaukunst in Italien starkmachte.

19 Vgl. Rinaldi 1993, S. 61.

20 Ebd., S. 79.

21 Moretti arbeitete verschiedentlich in Südamerika, zwischen 1913 und 1925 leitete er die Fertigstellung des Parlamentes von Montevideo. Die Dokumentation über Moretti im Archiv der Brera ist in erster Linie die Historie der Rechtfertigungen seiner Absenzen.

22 Vertretungen durch Portaluppi sind in den Jahren 1918, 1919, 1921, 1922 nachgewiesen.

23 Asnago Vender, *Che verrà dell'architettura,* undatierter Brief aus den Archiven der Accademia di Brera, zitiert nach Zucchi/Cadeo/Lattuada 1998, S. 210.

Arte urbana – Stadtbaukunst

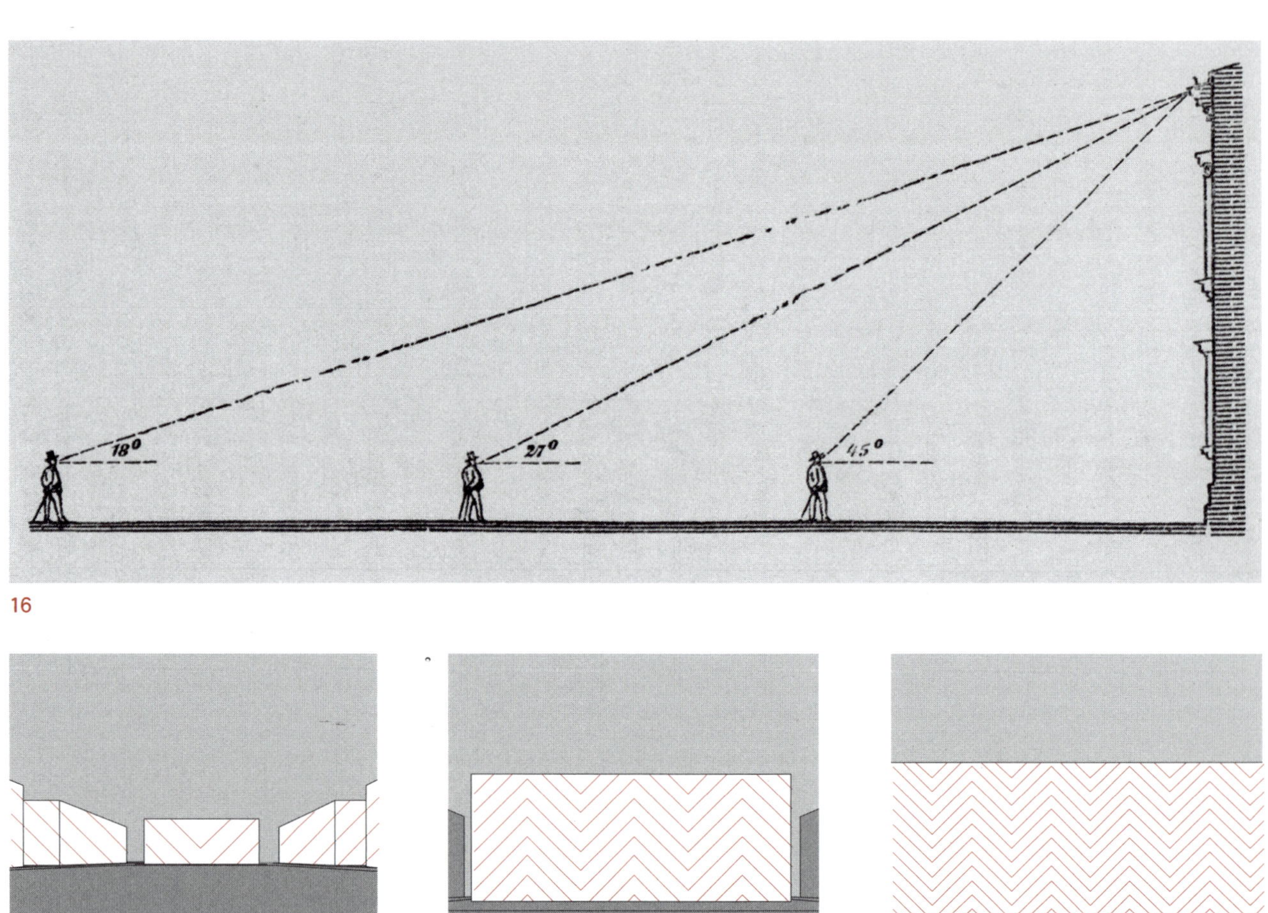

16

17

18

19

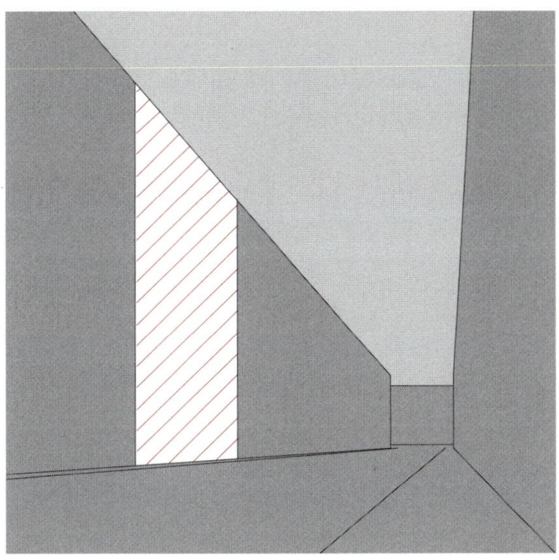

20

16 Die idealen Proportionen des Stadtraums nach Hermann Maertens

17–19 Die drei Sichtweisen bei Hermann Maertens, je nach Standpunkt und «Augenaufschlagswinkel» des Betrachters

18°, der malerische Eindruck: «Bezeichnend [...] ist, dass in unserem Sehfeld die Grösse des Kunstwerkes nicht mehr seine Umgebung verdrängen kann, sondern letztere heranzieht und sich von ihr malerisch einrahmen lässt.» (Augenentfernung gleich dreifacher Monumenthöhe)

27°, die «architektonische» Sicht: «Bei Einnahme dieses Standpunktes kann der Beschauer den Gegenstand einerseits noch hinreichend übersehen, andererseits füllt dieser genau sein Sehfeld aus und lässt das Auge somit die vor ihm stehende Kunstschöpfung [...] ohne jede Einmischung der Umgebung geniessen.» (Die Distanz beläuft sich auf das Zwei- bis Dreifache der Monumenthöhe.)

45°, die Sicht «des Details»: «Bei der Augenentfernung [...] hat das Auge des Beobachters auf das Übersehen des Ganzen zu verzichten, das Auge gibt sich daher umsomehr dem Genusse der Einzelheiten am Kunstwerk hin.» (Die Distanz entspricht der einfachen Höhe des Monuments.)

20 Optik und Strassenraum in Mailand: Die Proportionen zwischen Gebäudehöhe und Strassenbreite (Höhe = 4/5 der Breite), wie sie die Mailänder Bauordnung von 1877 festlegt, erlauben keine Frontalansicht des Gebäudes, sondern nur einen Blick in den Strassenverlauf. Der hohe Stellenwert der Detailansicht und der Schrägansicht sowie die daraus resultierende Notwendigkeit, visuelle Zielpunkte entlang der Strasse zu definieren, bildet folglich ein wichtiges Element im Mailänder Stadtraum. Dies veranlasst Asnago und Vender dazu, die Bebauungsregeln bis aufs Äusserste auszureizen, um neue architektonische Mittel zu entwickeln, die ihrer Ansicht der Prinzipien der Stadtbaukunst gerecht werden.
Maertens erkennt die Vorteile der Schrägansicht: «Jede Schrägansicht verdient daher fast immer den Vorzug vor der Geradeansicht. Dies auch schon deshalb, weil letztere, dem geometrischen Aufrisse ähnlich, eine übertriebene Symmetrie und, was einem malerischen Eindrucke ebenso entgegenstrebt, eine Häufung von Parallellinien mit sich bringt.» (Maertens 1890, S. 10)

Architektur – Strasse – Stadt

«Sie haben den Rhythmus der Baumassen, den die Alten mit grösster Sorgfalt erarbeitet haben, entstellt: Sie haben sie mit den miserabelsten und dümmsten Strassen zerschnitten und mit ihrer wahnwitzigen Zuckerbäckerarchitektur dekoriert.»
Ugo Monneret de Villard

So äussert sich Monneret de Villard in seiner Schrift *Note sull'arte di costruire le città*[24] aus dem Jahr 1907 über die Arbeit der Hygiene-ingenieure. Er beschreibt darin eingehend die wesentlichen Punkte der Stadtbaukunst gemäss Sitte: die Kunst, den «Rhythmus der Baumassen» (als Gegensatz zu gleichförmigen Strassenzügen) zu komponieren, die kultivierte Gestaltung des Strassenraums (als Gegensatz zu den «dümmsten Strassen») und eine Architektur, die in der Lage ist, gestalteter Ausdruck dieses Raumes (und nicht «Zuckerbäckerarchitektur») zu sein.
Die Sequenz Architektur – Strasse – Stadt steht somit im Zentrum der Stadtbaukunst. Dieses Interesse wird durch das Symbol der 1926 in Mailand gegründeten Associazione tra i cultori di architettura versinnbildlicht, wo einzelne, rhythmisch angeordnete Architekturen zu sehen sind, die den Teil einer Stadt bilden.[25] Laut Muzio «war das ein Weg, sich auf unsere Vorstellung von Stadt und Architektur zu berufen».[26]

Ästhetik als Disziplin

Monneret de Villard führt am Ende seines Beitrages die Hauptvertreter der Stadtbaukunst und ihre Schriften auf.[27] Unter ihnen finden wir Hermann Maertens (1828–1891) mit seinem Buch *Optisches Maass für den Städtebau* aus dem Jahr 1890, welches – wie der Autor selbst schreibt – das auf Grundrissschemata basierende Werk Sittes durch

24 Ugo Monneret de Villard, *Note sull'arte di costruire le città,* Mailand 1907, zitiert nach Zucconi 1989, S. 95.

25 Das Symbol entspricht der Illustration auf dem Einband des Traktates von Alessandro Capra, *Della nuova architettura famigliare,* Cremona 1671.

26 Giovanni Muzio im Interview mit Renato Airoldi, vgl. Airoldi, Forma, 1981, S. 43.

27 Am Ende des Beitrags wird folgende (vom Autor korrigierte und aktualisierte) Liste angeführt: C. Sitte, *Der Städtebau nach seinen künstlerischen Grundsätzen,* Wien 1889; H. Maertens, *Optisches Maass für den Städtebau,* Bonn 1890; Ch. Buls, *Esthétique des villes,* Brüssel 1893; G. Kahn, *L'estétique de la rue,* Paris 1901; S. Baxter, A great civic awakening in America: the organized instruments for the creation and preservation of beauty in public places, in: *The Century Magazine* 64 (1902); H. Fierens-Gevaert, *Essais sur l'art contemporain,* Paris 1903; P. Geddes, *City development,* Birmingham 1904; Th. Goecke, C. Sitte, *Der Städtebau. Monatsschrift,* Berlin 1904–1923; C. Ricci, *Piazze vecchie e monumenti nuovi,* Vortrag auf dem Congresso artistico in Venedig, Venedig 1905; Ch. Buls, *De la disposition et du développement des Rues et des Espaces libres dans les Villes,* Brüssel 1906; J. Stübben, *Handbuch der Architektur,* Teil IV, 9. Halbband: *Der Städtebau,* Stuttgart 1907.

die Untersuchung der Wahrnehmung im Raum «ergänzt».[28] Er beschreibt in seinem Traktat drei Arten der Wahrnehmung im urbanen Raum: die Wahrnehmung des Details, die «architektonische» Wahrnehmung und die «malerische» Wahrnehmung. Darüber hinaus nennt Monneret den belgischen Theoretiker Hippolyte Fierens-Gevaert (1870–1926). Dieser verfolgt die Entwicklungen der Stadtbaukunst aufmerksam und behauptet, dass «die Ästhetik nicht mehr nur als ein idealer Rahmen für Überlegungen zur Kunst betrachtet wird, sondern als ein Instrument zur Formulierung nützlicher Lösungen.»[29]
In der kulturellen Diskussion der ersten Jahrzehnte des 20. Jahrhunderts hat die Ästhetik des Städtebaus eine positive Bedeutung und wird als eine Disziplin zur Lösung aktueller Probleme anerkannt. Sie muss als genauso «modern» verstanden werden, wie es die Ideen der Rationalisten sind, die zu dieser Zeit in Italien auftauchen. Marcello Piacentini (1881–1960) zum Beispiel kritisiert anlässlich der *Exposition Internationale des Arts Décoratifs* 1925 in Paris, wo unter anderem Le Corbusiers Pavillon de L'Esprit Nouveau ausgestellt ist, die rationalistische Architektur und fordert, sich mit der historisch gewachsenen Stadt auseinanderzusetzen:

> «Man muss hingegen den wahren Hauptfaktor dieser neuen Architektur untersuchen, und das ist der Kostenfaktor. [...] Wenn [...] wir es mit der Idee des *ambientismo* zu tun haben, dann kommt die Vergangenheit ins Spiel. [...] Und hier können nicht allein die Regeln der Sparsamkeit gelten [...]. Hier muss man dem Bestehenden Rechnung tragen, und man wird sich in harmonischem Zusammenspiel mit der Umgebung etwas Hohes oder Niedriges, reich Verziertes oder Bescheidenes, mit starkem Hell-Dunkel-Kontrast oder Flaches vorstellen müssen.»[30]

Auf der einen Seite die Neuerungen der rationalistischen Architektur, auf der anderen die «künstlerische» Tradition der Stadtbaukunst: Das sind die kulturellen Pole, mit denen sich Asnago und Vender während des Studiums und zu Beginn ihrer beruflichen Tätigkeit konfrontiert sehen. Die zwei Architekten synthetisieren in ihrer Arbeit diese beiden Pole durch einzelne Bauwerke mit einer rationalistischen Formensprache, jedoch in verschiedenen, dem jeweiligen städtischen Kontext angepassten Variationen, die jenes von den Vertretern der Stadtbaukunst geforderte Ideal der «Vielfalt» des Strassenraums ver-

28 Maertens 1890, Vorwort, o. S. Auch wenn Sitte 1868 seinen (posthum veröffentlichten) Aufsatz «Beobachtungen über bildende Kunst, besonders über Architektur, vom Standpuncte der Perspective» schrieb, in dem er das Phänomen der Perspektive analysierte und erläuterte, flossen seine Beobachtungen nicht direkt in seine 1889 verfasste Schrift *Der Städtebau nach seinen künstlerischen Grundsätzen* ein.
29 H. Fierens-Gevaert, *Nouveaux essais sur l'art contemporain,* Paris 1903, zitiert nach Di Biase 2004, S. 111.
30 Piacentini 1928.

körpern. Monneret de Villard schreibt hierzu: «Der Bau der Stadt ist eine Kunst, und als solche sind ihr Regeln unnütz, wenn es nicht den Künstler gibt.»[31]

Karl Henrici (1842–1927) suggeriert, welches Regeln für den Stadtraum sein könnten: die Silhouette der Gebäude entlang der Strasse, sei es als Verbund der einzelnen Fassaden, sei es als Strassenflucht, und die vertikalen Abschlüsse (Dachtraufe – Dachgesims).[32] Es wird folglich hilfreich sein, diese Regeln zu vertiefen und anschliessend die architektonischen Variationen zu untersuchen, die Asnago und Vender daraus entwickelt haben.

31 Monneret de Villard 1907, S. 491.

32 Karl Henrici, *Die künstlerischen Aufgaben im Städtebau,* Aachen 1891, veröffentlicht in Henrici 1905, S. 1. Siehe auch S. 44 in dieser Publikation.

Regel

22

21

23

Die Commissione d'Ornato hat den Auftrag, die Qualität der Architektur im städtischen Raum zu sichern.[1] Die Diskussion über dieses Thema wird seit Ende des 18. Jahrhunderts stark von Piermarini beeinflusst, der in seinen Entwürfen das Verhältnis zwischen Gebäude und öffentlichem Raum verändert. Einer Studie Aldo Rossis[2] zufolge hat Piermarini keine neue architektonische Formensprache erfunden, sondern die typische Mailänder Formensprache des 18. Jahrhunderts überarbeitet und modernisiert. Charakteristisch für diese Tradition sind die vertikalen Fenster, die in gleichmässigem Rhythmus angeordnet das «Gesicht» des Gebäudes bestimmen. Piermarini entwickelte einen schlichten Bauschmuck, der schon bald nicht nur von anderen Architekten übernommen, sondern auch zur Richtschnur für die Commissione d'Ornato werden sollte. Dieser Entwicklung sind grösstenteils die homogenen Fassaden in den Mailänder Strassen geschuldet, was Paolo Portoghesi zwei Jahrhunderte später veranlasst, das «Primat der Lochfassade als prägendes Muster für den städtischen Raum» sowie die Bedeutung der typischen Proportion zwischen geschlossener und durchbrochener Wandfläche zu erkennen, die eine «visuelle Unverwechselbarkeit» entstehen lässt.[3] Aldo Rossi erinnert daran, dass Ende des 18. Jahrhunderts auch hinsichtlich der Einzelgebäude eine Tradition entstand, die mit der Zeit zur «Regel» wurde: Piermarini verlieh dem Einzelbauwerk etwa durch Verdichtung oder Verringerung der Öffnungsachsen als Kennzeichnung des Eingangs ein derart charakteristisches Aussehen, dass es nicht einfach in der Fassadenflucht verschwindet. Genau diese Kombination einer homogenen Fassadenflucht mit dem Hervorheben einzelner Architekturen macht den besonderen Charakter des Mailänder Strassenraums aus.
Anfang des 20. Jahrhunderts brachen die Bauten des Historismus (insbesondere der Neoromanik und -gotik) wie auch die ersten rationalistischen Architekturen mit der Tradition der Mailänder Fassade. 1931 schreibt Muzio alarmiert: «Aus diesem anarchischen Sammelsurium von heterogenen und ungleichen Gebäuden konnte keine neue stilistische Epoche erwachsen [...]. Für die Architektur setzte sich eine Rückkehr zur Klassik durch [...], wohlgemerkt keine sklavische Nachahmung oder ausgefeilte Verschmelzung, sondern freie Wahl der Inspiration.»[4] Das Interesse an der Mailänder Fassade beschränkt sich nicht auf die Architekten des Novecento (unter ihnen Muzio), sondern findet sich auch bei einigen Persönlichkeiten der Nachkriegsmoderne, darunter Asnago und Vender, wie die folgenden Variationen zu diesem Thema zeigen.

Strassenfassaden aus dem 19. Jahrhundert zur Wirkungszeit der Commissione d'Ornato
21 Anonym, Haus in der Corsia dei Servi, 1809
22 C. Amati, Haus in der Contrada del Gesù, 1809
23 L. Canonica, Palazzo Brentani-Greppi, 1831

Variation

Proportionen

Das Phänomen der Mailänder Fassade scheint der Ausgangspunkt für die Fassadenentwürfe Asnagos und Venders gewesen zu sein. Das Verhältnis zwischen geschlossener und durchbrochener Wandfläche, das wir seit den ersten Entwürfen der 1930er Jahre in verschiedenen Werken finden, folgt der Mailänder Tradition. Die beiden Architekten manipulierten die Proportionen und die Anordnung der Elemente an der Fassade ähnlich wie der Grafiker seinen Umbruch, verlieren dabei aber nie den Kontakt zum eigentlichen Vorbild. Die rechts- oder linksbündige Ausrichtung der Fensteröffnungen taucht das erste Mal 1939 in der Via A. Albricci 8 auf und bleibt die Konstante für die drei in der Folge realisierten angrenzenden Gebäude in diesem Block. Es ging hier um die Modulation des Fensterformats in der Vertikalen, während der Rhythmus der horizontalen Achse unverändert blieb. Der aus der Grafik stammende Begriff für die einseitig bündige (Text-)Ausrichtung im Italienischen ist *a bandiera* und wird von Anfang an von der Kritik verwendet, um die Anordnung der Fensteröffnungen im Speziellen und die Fassadengestaltung Asnagos und Venders im Allgemeinen zu beschreiben. In den 1930er Jahren ist die einseitig bündige Ausrichtung ein formell verbreitetes Gestaltungsmittel: Es soll an dieser Stelle auf die neue grafische Gestaltung der Zeitschrift *Casabella* von Edoardo Persico 1933 sowie auf Gunnar Asplunds Fenstergestaltung bei der Erweiterung des Rathauses von Göteborg 1937 hingewiesen werden.

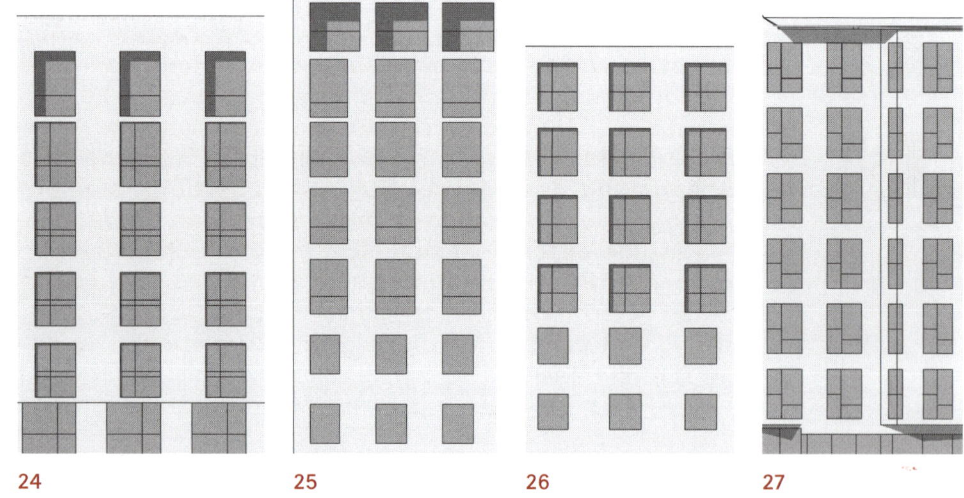

24 25 26 27

M. Asnago, C. Vender
24 Via A. Albricci 8, 1939
25 Via A. Albricci 10, 1958
26 Piazza Velasca 4, 1952
27 Piazza Ss. Trinità 6, 1969

Reihungen

Im Häuserblock der Via A. Albricci hatten Asnago und Vender die Möglichkeit, mehrere nebeneinanderliegende Gebäude zu realisieren. Die Fensterlinien werden dabei nicht immer gebäudeübergreifend fortgeführt, sondern unterscheiden sich leicht voneinander. So schufen die Architekten einen Block, der von Einzelgebäuden bestimmt wird. Diese orientieren sich auf unprätentiöse Weise an der Fassadengestaltung der historischen Stadt und lassen so den Eindruck einer unaufgeregten Vielfalt entstehen, die sich im Einklang mit dem Streben der Stadtbaukunst befindet.

28

29

28 Fassade zur Piazza Velasca hin
29 Fassaden in der historischen Stadt

30

31

Reduktionen und Verschiebungen

Im Block an der Via A. Albricci sind die Flächen zwischen den Fenstern in ihren Dimensionen nicht gleichmässig: Mit zunehmender Höhe nimmt der Abstand zwischen den Fensteröffnungen ab und lässt die Fassaden so nach oben hin leichter und luftiger wirken, auch in der Horizontalen wurde der Achsabstand zwischen den Fenstern leicht modifiziert. In der Via A. Albricci 10 wurde die einseitig bündige Ausrichtung der Fenster, wie sie bei den vorhergehenden Gebäuden (Via A. Albricci 8 aus dem Jahr 1939, Via P. da Canobbio von 1950 und Via A. Velasca 4 von 1952) zu finden war, zwar weitergeführt, aber durch die Verschiebung einiger Fensterpaare unterbrochen. Betrachtet man das Gebäude von der Via Larga aus, erschliesst sich der Sinn dieser Anordnung: Die drei von diesem Standpunkt aus sichtbaren Fensterachsen definieren zusammen mit dem aus den Achsen gerückten Fensterpaar eine Figur, die den Standort und die Funktion des Hauses als Stirngebäude am Ende der Strasse betont. Die beiden Fenster im ersten Stock an der zur Piazza Velasca hin gelegenen Fassade charakterisieren – zusammen mit dem fehlenden Fenster im letzten Stock – diesen leicht abfallenden Fassadenteil. Diese leichten Verschiebungen verankern das Gebäude in seinem Umfeld und regen Auge (und Verstand) an, weitere Verbindungen und Unterschiede zu suchen, wodurch ein, wie Maertens es definierte, «sinnlich aufmerksames Anschauen» gefördert wird.[5]

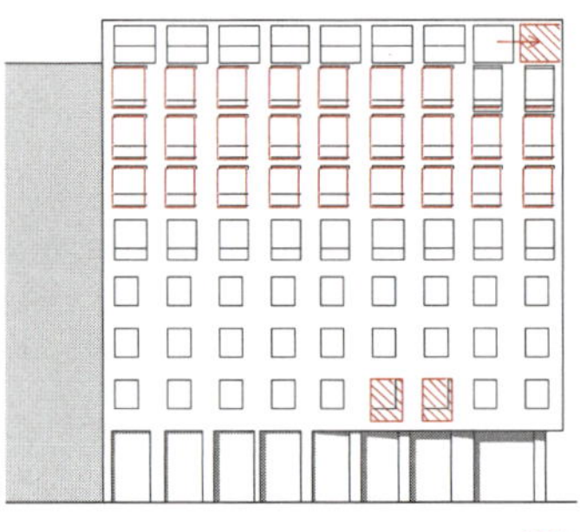

32

33

30–33 Via A. Albricci 10, 1955
Verringerung der Fensterachsen in der Vertikalen und Horizontalen sowie Verschiebungen der Fensteröffnungen. Die Verschiebungen in den Fensterachsen zur Gebäudekante hin betonen den Standort des Gebäudes an der Kreuzung von Via Pantano, Via Larga und Piazza Velasca.

Regel

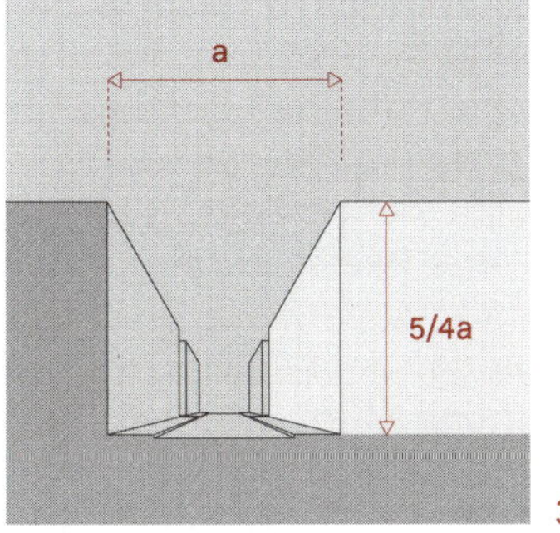

34

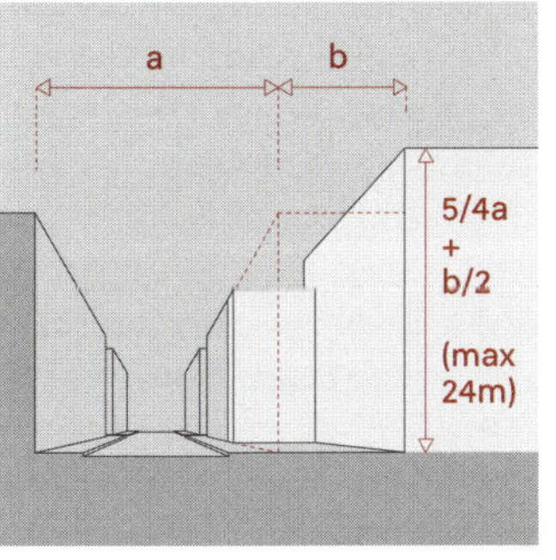

35

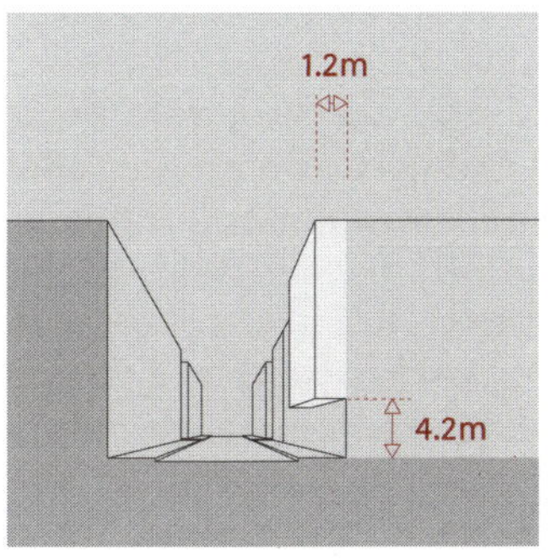

36

Hinter den Vorschriften des 18. Jahrhunderts zur Gestaltung und Proportionierung des Strassenraums stehen vor allem hygienische und wirtschaftliche Überlegungen.[6] In der ersten Bauordnung aus dem Jahr 1877 wird festgelegt, dass die maximale Fassadenhöhe 5/4 der Strassenbreite betragen und dabei die Obergrenze von 24 Metern nicht überschreiten dürfe. Gebäude niedriger als 24 Meter benötigen eine Sondergenehmigung und müssen hinter die Baulinie zurückversetzt werden. In diesem Fall kann die Höhe um die Hälfte des Rücksprungs aufgestockt werden. Zur Vermeidung von blinden Mauern, die durch die Rücksprünge entstehen konnten, schreibt die Bauordnung die Weiterführung der Fassadenflucht um die Gebäudekante herum bis zum zurückgesetzten Baukörper vor (dieses Phänomen wird als «Traufumschlag» bezeichnet).[7] Durch diese Regelung entsteht ein Gebäudetyp mit einem niedrigeren, zur Strasse hin gelegenen Teil und einem höheren, zurückgesetzten Baukörper. Ein Beispiel hierfür ist das von Muzio geplante Gebäude in der Via A. M. Ampère aus dem Jahr 1935. Ab einer Höhe von 4,2 Metern über dem Bürgersteig und einem Mindestabstand von 3 Metern zu den umliegenden Gebäuden durfte man laut Bauordnung Auskragungen bis zu einer Tiefe von 1,2 Metern ausführen.[8] Der Erker oder auch der «geschlossene Balkon» avancierte so zu einem häufig wiederkehrenden Element in Mailand. Der Fassadenvorhang begrenzte also Strassen mit klar definierten und konstanten Proportionen, wobei es vereinzelt reglementierte Ausnahmen gab.

Dieses Regelsystem lieferte den beiden für die städtebauliche Entwicklung Mailands massgeblichen Bebauungsplänen, dem *Piano Beruto* aus dem Jahr 1889 und dem *Piano Pavia-Masera* von 1912, die Dimensionen der Strassen und Gebäudeblocks, welche die Ingenieure mit einem strengen Raster und ohne Modulationen im Streckenverlauf zeichnen. Die auf der Bauordnung basierenden Proportionen lassen jedoch nicht die bereits erwähnte, von Maertens 1890 definierte notwendige Entfernung von der doppelten Höhe des Gebäudes zu, die eine frontale «architektonische» Ansicht erlauben würde.[9]

Zwar führten diese Faktoren dazu, dass der vom Mailänder Fassadenvorhang definierte Strassenraum nicht mit den Prinzipien der Stadtbaukunst übereinstimmte, die Bauvorschriften erlaubten jedoch, die Grenzen auszureizen und so die von Ponti beschworenen, in der Stadt fehlenden «Ausblicke nach rechts und links» zu kompensieren.

34 Die Dimensionierung des Strassenraums
35 Rücksprung in der Fassadenflucht
36 Auskragungen in den Strassenraum

Variation

Ausbauchungen

Das Ensemble an der Piazza Ss. Trinità ist Teil einer Wiederaufbauzone des Bebauungsplans von 1955, der eine neue Strassenachse mit hoher Gebäudedichte zwischen der Piazza Sempione und der Piazza Baiamonti vorsah. Sie wurde jedoch nur teilweise ausgeführt. Der Detailplan wurde von den Grundstückseigentümern in Absprache mit der Stadt ausgearbeitet. Der Entwurf stammte von dem Büro Mattioni-Terrosi und legte die detaillierte Volumetrie zwischen Piazza Ss. Trinità und Via P. Giannone sowie die Gebäudeerschliessung fest.[10] Man kann das in der Nachkriegszeit häufig wiederkehrende Bemühen erkennen, Gebäudeblöcke mit offenen Baukörpern zu realisieren, die jedoch einen Bezug zum historischen Bestand zeigen. 1967 stiessen Asnago und Vender zu dem Projekt hinzu. Ihre Aufgabe beschränkte sich auf die Definition der Fassadenflucht, das heisst die Komposition von Fassaden, Auskragungen und Dächern auf Basis des bereits definierten Schemas. Die beiden Architekten griffen auf die in der Bauordnung vorgesehene Möglichkeit zurück, Gebäude über der Strasse auskragen zu lassen, was so in der detaillierten Volumetrie von Mattioni-Terrosi nicht vorgesehen war. Sie distanzierten sich von der üblichen additiven Reihung der Auskragungen, stattdessen integrierten sie unter Anwendung verschiedener architektonischer Lösungen die «Erker» in die Fassadenflucht, die so «in Schwingung versetzt» wird. Eine Reihe von Kohlezeichnungen zeigt Asnagos und Venders Interesse an der Unterteilung der Fassade in zwei Zonen: eine verglaste und flache Zone in den unteren Stockwerken, eine durchbrochene und plastisch modulierte in den oberen. So entspricht der obere Teil der Bauordnung, die ab einer Höhe von 4,2 Metern Auskragungen über dem Bürgersteig zulässt. Fassade und Auskragung verschmelzen auf diese Weise – auch dank der homogenen Fenstergestaltung – zu einem einzigartigen architektonischen Phänomen. An den sowohl zum Platz hin als auch zwischen dem Platz und der Via P. Giannone gelegenen Gebäudekanten gestalteten die Architekten die Auskragungen komplanar zur Fassade; sie projektierten die Fassade somit über die eigentliche Gebäudekante hinaus in den Strassenraum und schufen eine volumetrische Doppeldeutigkeit. Auskragung und Fassade sind nicht mehr als selbstständige Elemente wahrnehmbar, sondern tragen gemeinschaftlich zur Entstehung des Phänomens einer «aufgeblähten» oder «ausgebauchten» Fassadenflucht bei.

37

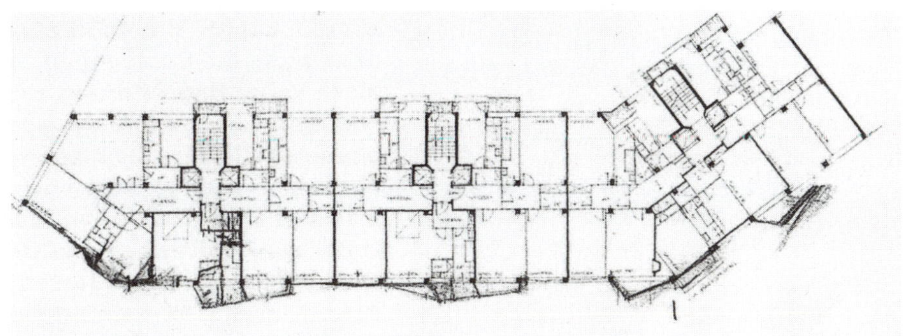

38

39

37 Die zur Piazza Ss. Trinità hin gelegene Erkerreihe verschmilzt mit der Fassade. Die geometrische Ambiguität verhindert eine Unterscheidung zwischen den beiden Elementen und erzeugt ein einzigartiges plastisches Phänomen.
38 Plan des Ensembles an der Piazza Ss. Trinità mit einer von Hand ausgeführten Skizze der Erker
39 Studienskizze der Fassaden

40

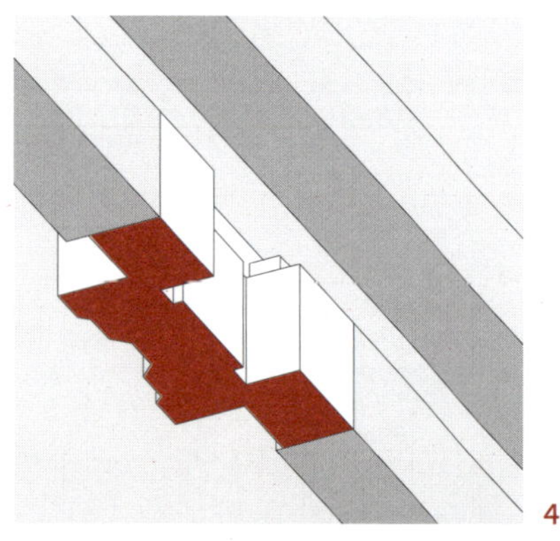
41

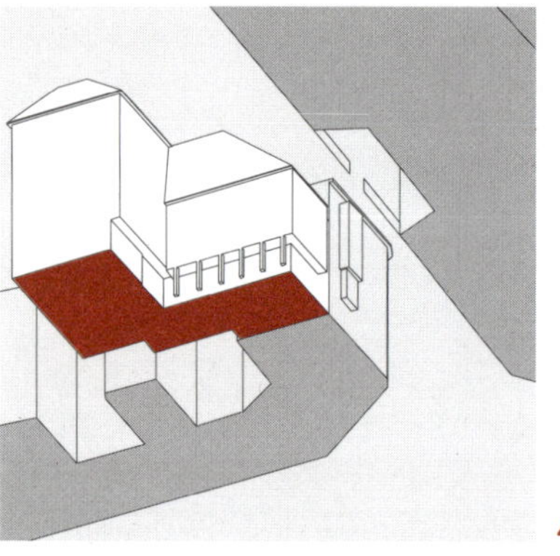
42

Rücksprünge

> «Unsere Lösung ist inspiriert vom lebendigen Grün, das das Haus von vielen Seiten umgibt und durch die vielen Fenster an der Fassade im Inneren zu sehen ist; das macht das Grün letztlich noch lebendiger, und zwar nicht nur für die Bewohner des Hauses, sondern auch – und wie wir glauben in stärkerem Mass – für die Bürger in der Strasse, die das Grün im Vorbeigehen fast vollständig bewundern können [...]. Warum sollte man also die Sicht darauf durch einen undurchsichtigen Baukörper entlang der Strasse versperren?»[11]
> Mario Asnago und Claudio Vender

In der Via A. Verga 4 setzten Asnago und Vender den laut Bauordnung (Art. 45, 1961) möglichen Gebäuderücksprung von der Strassenfront um. Wie der intensive Schriftverkehr zwischen Stadt und Architekten zeigt, wurde der Entwurf (durch den eine grössere Wohnfläche erzielt werden konnte) erst genehmigt, nachdem die Architekten beharrlich nachgewiesen hatten, dass so die Grünfläche, wenn auch nur um wenige Quadratmeter, und die daraus resultierende Lebensqualität «für die Anwohner in der Strasse» vergrössert würden. Die beiden Architekten schrieben: «Wenn uns einmal ein glücklicher Umstand zugutekommt, warum sollte man dann nicht die Gelegenheit beim Schopf ergreifen und sich diese voller Begeisterung zunutze machen?»[12] Und mit genau dieser Begeisterung haben Asnago und Vender das Gebäude entworfen. Sie hielten sich dabei jedoch nicht an die Tradition bisheriger Lösungen für Gebäuderücksprünge, wie man sie beispielsweise an dem Gebäude von Giovanni Muzio in der Via A. M. Ampère aus dem Jahr 1935 beobachten kann, wo die niedrigen, zur Strasse hin gelegenen Baukörper dem hohen, zurückversetzten Baukörper untergeordnet sind. Bei Asnago und Vender garantiert der niedrige Gebäudeteil mit einer durch die Strassenbreite vorgegebenen Höhe von 14,6 Metern die «Fortführung der Dachtraufe» zwischen der Via A. Verga und dem durch den Rücksprung entstandenen Garten. Dieser Gebäudeteil wird mit seiner in der Strassenflucht sichtbaren Hauptfassade «nobilitiert».

Die den vorläufigen Plänen beigelegten Skizzen mit den volumetrischen Berechnungen zeigen, wie sich die Fläche des «Fassadendaches» über dem zur Strasse hin gelegenen Garten schrittweise entwickelt hat. Anfangs wurden die Bauteile, die eine Höhe von 14,6 Metern überschreiten, wie drei Attikarücksprünge organisiert, in der realisierten Lösung werden die Rücksprünge im einheitlichen Bild des Fassadendaches vereinnahmt. Interessant ist die Feststellung, dass die Balkonbrüstungen über die Dachlinie überstehen; so wird auf subtile Weise die Funktion dieses Daches entlarvt und eine vieldeutige Wirkung erzielt.

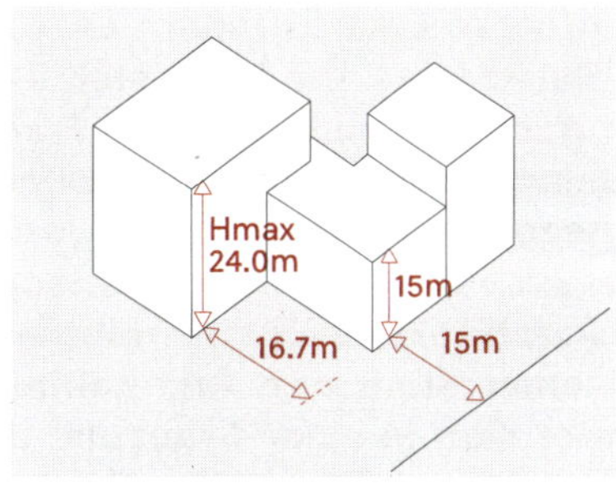

43

44

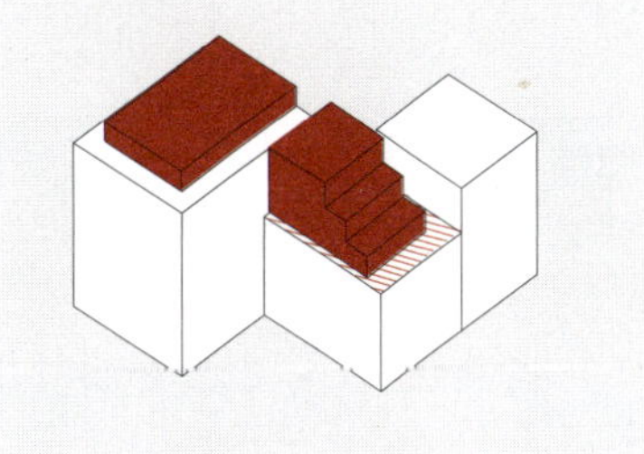
45

46

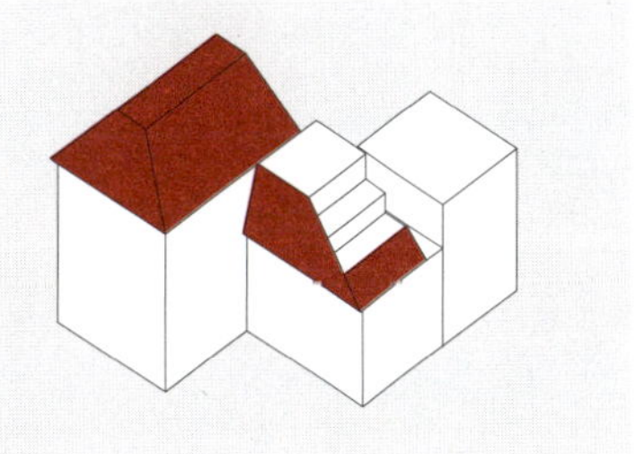
47

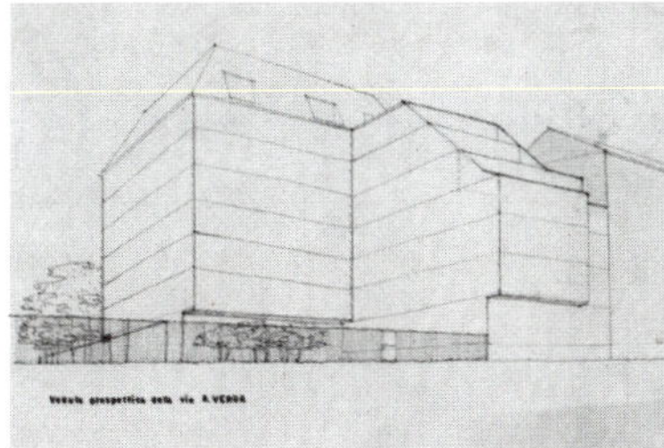
48

49

40 Via A. Verga 4. Fotografie nach der Fertigstellung, um 1964
41 Typologie des Gebäuderücksprungs in Mailand: Giovanni Muzio, Gebäude in der Via A. M. Ampère, 1935
42 Asnago und Vender, Gebäude in der Via A. Verga 4, 1964, Volumetrie
43 Volumetrie nach der Bauordnung
44 Studienskizze: Variante mit einem Rücksprung auf Höhe der Trauflinie (nicht datiert)
45 Rücksprünge oberhalb der Trauflinie
46 Studienskizze: Variante mit fortlaufender Dachtraufe und geneigtem Dach (nicht datiert)
47 Abdeckung der Rücksprünge durch das Dach
48 Studienskizze: Variante mit Auskragung über der Strasse, ohne Dach über dem zur Strasse hin gelegenen Garten (6.6.1961)
49 Auskragungen als volumetrische Akzente

Die Elemente, die Asnago und Vender in ihrem Brief an den Bürgermeister als «geschlossene Balkone»[13] über der Strasse beschreiben, sind keine klassischen, der Fassade untergeordneten Erker, sondern eher Auskragungen des gesamten Baukörpers. Die Stadt stellte den geschlossenen Balkon und das «Fassadendach» in Frage; über den Fassaden der Baueingabe sind zu diesen zwei Elemente handschriftlich Fragezeichen vermerkt. Die Architekten führten in einem Brief zur Verteidigung ihrer Entscheidungen als Beweggrund die «architektonische Harmonie»[14] an. Der Schriftwechsel zwischen Stadt und Architekten zeigt, dass Asnago und Vender sich in einer Grauzone der Bauordnung bewegten und die Vorschriften neu zu interpretieren suchten.

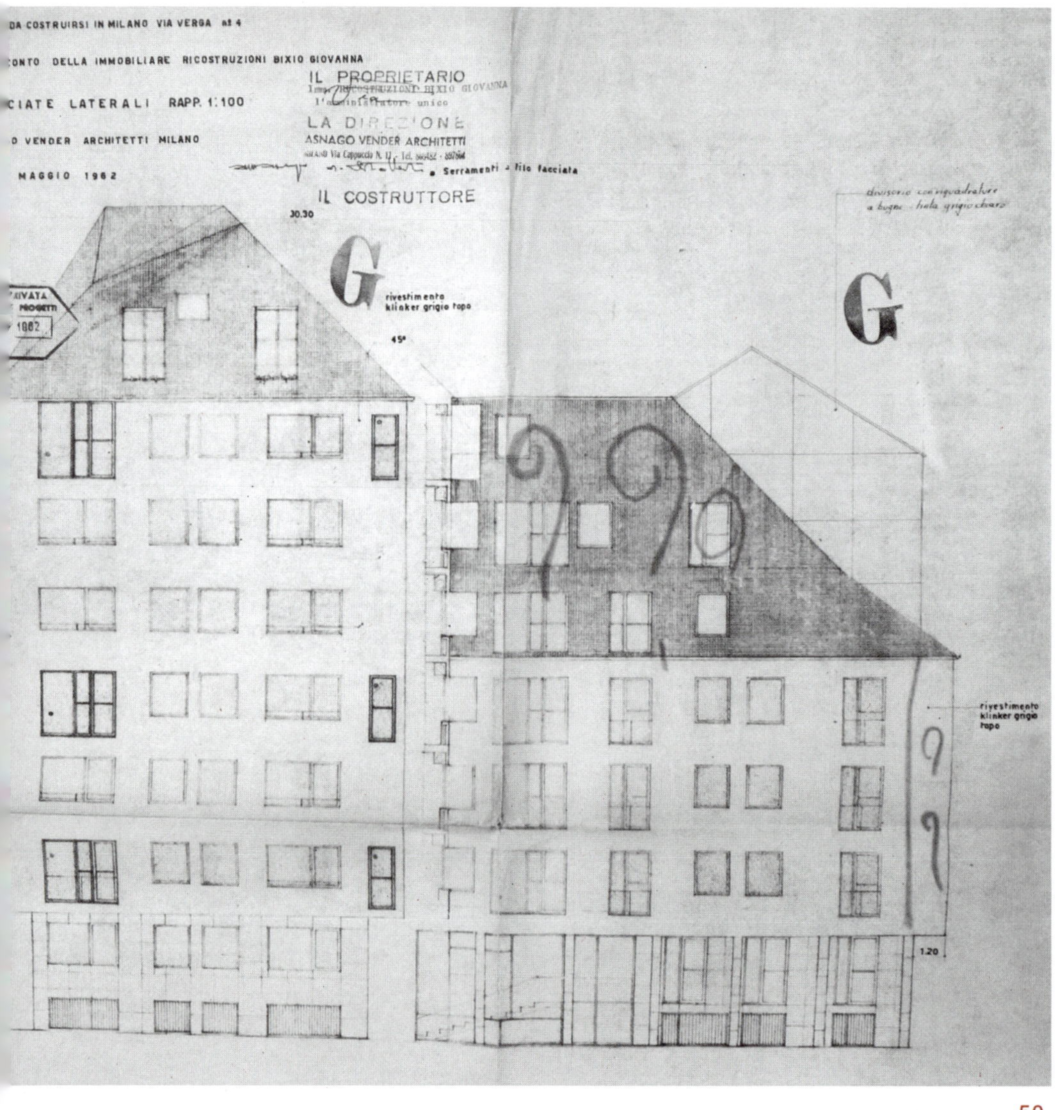

50

50 Via A. Verga 4, Fassade zum strassenseitig gelegenen Garten, von der Stadtverwaltung mit handschriftlichen Fragezeichen versehen, Mai 1962

Räumliche Ambiguität

> «So erschiene der einfachste Körper in einer unendlichen Mannigfaltigkeit von Formen. Wir denken uns aber die Dinge nicht so, wie wir sie sehen, sondern in ihrer wahren Gestalt [...]. Wir sehen perspektivisch und denken orthogonal [...]. Man sieht, dass die Perspective nicht bloss als Hilfsmittel zum Zeichnen gut ist, sondern, dass sich aus ihr auch ein taugliches Werkzeug bereiten lässt, um mit Hilfe dessen in die ewigen Gesetze des Wahren und Schönen einzudringen.»[15]
> Camillo Sitte

Die Untersuchung der Wahrnehmungsmechanismen ist einer der gemeinsamen Parameter bei der Forschung zur Stadtbaukunst. Sitte analysierte das Phänomen der Perspektive und erkannte die dem innewohnende Ambiguität der Wahrnehmung, die viel später von dem Schweizer Architekturjournalisten Benedikt Loderer als Dualität zwischen dem, was man sieht, und dem was man wahrnimmt, umrissen wurde. «Es besteht eine Spannung zwischen den Polen Wahrnehmungsraum und Anschauungsraum, die sich als Neugierde kundtut.»[16]
Der Architekt Cornelius Gurlitt analysierte in seinem 1920 erschienenen *Handbuch des Städtebaus* in einer Reihe von perspektivischen Zeichnungen, wie sich unterschiedliche Positionen von Baukörpern im städtischen Raum auswirken, und stellte fest, dass Baukörper, die grösser oder kleiner als die Norm sind, in der perspektivischen Ansicht zu einer widersprüchlichen Wahrnehmung führen. «Es fragt sich nun, wie sich die optische Täuschung als städtebaulich-ästhetisches Mittel verwenden lässt.»[17] Wenn man an die von Ponti konstatierte fehlende Möglichkeit «seitlicher Ausblicke» im Mailänder Stadtraum zurückdenkt, so kann die räumliche Ambiguität ein Mittel zum Ausgleich dieses Mankos sein.
Loderer griff die Idee von Rudolf Arnheim[18] auf, zwischen dem, was das Auge aus seiner Perspektive wahrnimmt (*as it looks*) und dem, was das Gehirn aus dieser Information rekonstruiert (*as it is*), zu unterscheiden. Die Diskrepanz zwischen diesen beiden Wahrnehmungen kann zur Schaffung von Ambiguität (das, was ich wahrnehme, stimmt nicht vollständig mit dem realen Objekt überein) manipuliert werden. Wendet man letztere Strategie an, ist es möglich, die Wahrnehmung zu stimulieren, ihre Aufmerksamkeit aufrechtzuerhalten und so eine subtile Form visueller Zielpunkte im städtischen Raum zu schaffen.[19]
Diese Strategie scheint die Grundlage für einige von Asnago und Vender vorgeschlagene «Irritationen» zu sein. Ihre Erfahrung als Maler kann ihnen im Hinblick auf das wahrgenommene und das gedachte Bild behilflich gewesen sein.[20]
Es handelt sich dabei jedoch nicht um Phänomene an sich, sondern um bewusste Manipulationen der Wahrnehmung von Architektur, wie die Gebäude auf der Piazza Ss. Trinità und in der Via della Signora bezeugen.

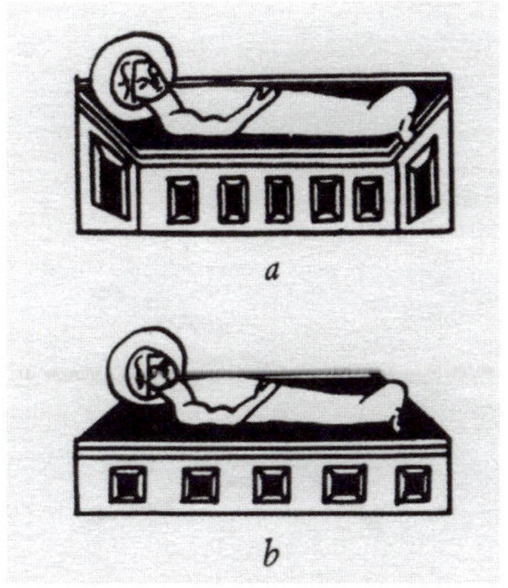

51

51 Rudolf Arnheim, Beispiele für eine in der Darstellung verzerrte und eine real wahrgenommene Perspektive

Stadtkulissen

Die zur Via P. Giannone gelegene Front suggeriert eine Geometrie, die im Widerspruch zur Realität steht. In der Tiefe der Strasse nimmt man die Silhouette eines Gebäudes mit Satteldach wahr. Dieser erste Eindruck ändert sich, wenn – je näher der Betrachter dem Gebäude kommt – sich herausstellt, dass die Einheit mehrere Flächen aufweist: eine Backsteinfront zum Hof hin und eine Steinfront zur Via P. Giannone hin. Letztere besteht aus einer zur Strasse parallelen Fläche und einer verformten Variante über dreieckigem Grundriss. Diese dreieckige Auskragung bildet nicht nur die Gebäudekante, sondern gleichzeitig auch den Abschluss des letzten einer ganzen Reihe von Erkerfenstern, die zur Piazza Ss. Trinità hinausgehen.
Die abgeschrägte Geometrie zwischen Piazza Ss. Trinità und Via P. Giannone bedingt den Abschluss des Baukörpers mit einer unregelmässigen Stirnseite. Durch die Einführung der Erkerfenster wurde es möglich, die Räume effizient zu organisieren. Asnago und Vender nutzten die komplexe Volumetrie zur Schaffung eines architektonischen Phänomens, um das ungünstige Zusammenkommen unterschiedlicher Fluchten an der Ecke zum Hof zu lösen, wo ursprünglich neben dem existierenden kleinen romanischen Glockenturm eine neue Kapelle errichtet werden sollte.

52

53

54

52 Detail der Auskragung zur Via P. Giannone hin (links) und des Erkerfensters zur Piazza Ss. Trinità hin (rechts)
53 Die zur Via P. Giannone gelegene Stirnseite des Gebäudes aus der Strassenflucht betrachtet
54 Grundrissdetail Ecke Via P. Giannone – Piazza Ss. Trinità

55

56

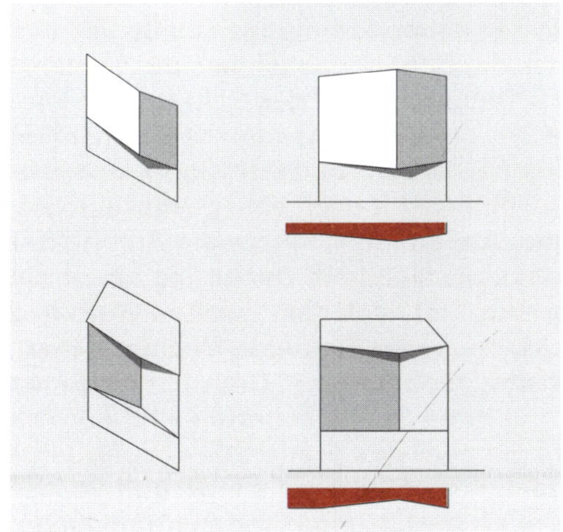

57

Perspektivische Widersprüche

1966 begannen Asnago und Vender mit der Planung des an der Ecke Via della Signora / Via Laghetto gelegenen Gebäudes und lösten damit den Architekten Mario Bacciocchi ab, der seit 1962 hierfür einen ersten Entwurf angefertigt hatte. Sie überarbeiteten die Fassaden- und Dachgestaltung vollständig, indem sie die strukturell gegliederte Fassade durch eine Lochfassade und das hinter einem Kranzgesims verborgene Schrägdach durch ein Satteldach mit Traufe ersetzten. In einem an die Stadt gerichteten Brief vom 28. Januar 1966 schrieben die beiden Architekten, wie folgt: «[...] es ist vorgesehen, dass einige Fenster leicht über die Fassadenlinie hinausragen, damit eine einheitliche architektonische Ordnung entsteht, die auch auf die dritte Dimension übertragen ist.»[21]
Diese dritte Dimension scheint zu fast allen architektonischen Ausdrucksmitteln im Widerspruch zu stehen. Die geometrische Realität (*as it is*) verleitet dazu, etwas Anderes als das tatsächlich Gebaute wahrzunehmen (*as it looks*). Diese Verfremdung in der Wahrnehmung macht es dem Betrachter unmöglich, das Gebäude mit einem einzigen Blick zu erfassen: Das Bild setzt sich aus einer Reihe von Detailbeobachtungen zusammen.
Die Verjüngung der oberen und unteren Teile des zur Via Laghetto gelegenen auskragenden Fensters nach aussen betont seine perspektivische Schrägstellung. Aus der Ferne der Strassenflucht betrachtet, widersprechen die Aussenlinien dieses Elementes den Linien, die eine perspektivische Ansicht erzeugt. Das Gebäudevolumen an der Via della Signora mit Blick auf den Platz wird asymmetrisch deformiert, so dass ein neuer Schwerpunkt der Fassade in der Mittelachse des Platzes entsteht. Diese Auskragung des Baukörpers (die bereits bei seinem zu Anfang des 20. Jahrhunderts abgerissenen Vorgängerbau zu finden war) steht im Widerspruch zu dem geneigten Verlauf der Traufe, der ein Zurücktreten des Baukörpers suggeriert. Auf diese Weise werden die kognitiven Erwartungen des Betrachters, der den vorspringenden Baukörper (Vorsprung) sieht, durch die Dachlinie (Rücksprung) in Frage gestellt, wodurch das Gebäude – ähnlich wie die axonometrischen Darstellungen des niederländischen Künstlers Maurits Cornelis Escher – als instabil und variabel wahrgenommen wird.

55 Via della Signora, die zum Platz hin gelegene Fassade
56 Das zur Via Laghetto gelegene auskragende Fenster
57 Volumetrische Darstellungen dieser Fassade

Fassadenabschlüsse

Regel

«Die Silhouette der Hochbauten – ihre oberen Begrenzungslinien – bilden zugleich die Umränderung des über der Strasse, über dem Platze ausgespannten Himmelsgewölbes und dadurch tritt auch dieses gewissermassen in Form und Gestalt und hat in dem Bilde mitzuwirken.»[22]
Karl Henrici

58

59

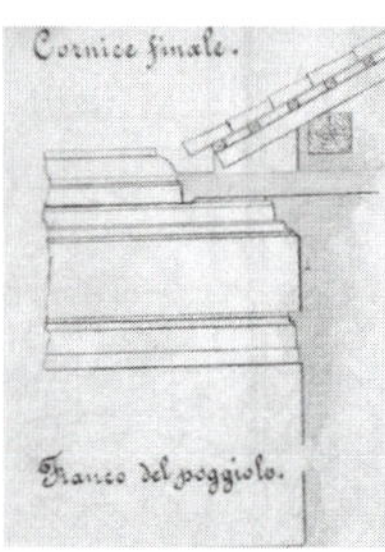

60

61

Bis zum 19. Jahrhundert behielten die Dächer ihre explizit funktionale Form mit einem grosszügigen Dachüberhang und sichtbaren Dachrinnen, ohne dass es eine Kontinuität in der Gebäudehöhe gegeben hätte. Als man in der Bauordnung die Gebäudehöhen entsprechend der Strassenbreite festlegte, wurde die Traufe zu einem Kontinuum im Stadtraum, das als Bindeglied zwischen dem einzelnen Gebäude und der Strasse fungierte. Die Strassen des 19. Jahrhunderts mit ihren gleichhohen Gebäuden und einer durchgängigen Trauflinie sind ohne Dachüberhang oder stark auskragende Dachgesimse und deren Schlagschatten nicht vorstellbar: Das Bild, das wir von diesem Stadtraum haben, würde in sich zusammenfallen. Durch diese Elemente erhielt der Strassenraum in der Tat einen Abschluss, weswegen ihn mehrere Autoren als «Zimmer ohne Decke» definieren oder in den Worten Loderers: «Der Innenraum des Aussenraums ist Aussenraum des Innenraums.»[23] Die Gestaltung von Dachgesims und Traufe spielte, auch für jedes einzelne Gebäude, eine wichtige Rolle. Unter den verschiedenen Ausführungen ist die Lösung mit einer von der Strasse aus sichtbaren Dachrinne die am wenigsten elegante, während eher künstlerisch ambitionierte Versionen die Dachrinne in das Gesims integrierten oder sie in einer Reihe von horizontalen Auskehlungen versteckten («Traufgesims»). Im 19. Jahrhundert wurde die Dachrinne noch als zweitrangiges Element behandelt. Mit den neuen Strömungen zu Beginn des 20. Jahrhunderts kamen der Gebäudeabschluss des 18. Jahrhunderts mit sichtbarer Dachrinne und das Schrägdach wieder in Mode. In dieser Zeit studierten Asnago und Vender an der Accademia di Brera bei Moretti und Portaluppi und entwickelten aller Wahrscheinlichkeit nach eine gewisse Sensibilität für dieses Thema. Andererseits lehnte die Architektur des Movimento Moderno, die sichtbare Dachrinne ab, da sie das Flachdach propagierte. Erst nach dem Zweiten Weltkrieg konnte man eine Rückkehr dieser Elemente in einer neuen, modernen Formensprache beobachten.[24] Die verschiedenen Fassadenabschlüsse mit ihren Schlagschatten sind folglich ein charakteristisches Element des Stadtbildes im 19. Jahrhundert, an das die beiden Architekten Asnago und Vender anknüpften und dabei moderne Lösungen mit traditionelleren verbanden.

58 G. Canella, *Corso Francesco* (heute Corso Vittorio Emanuele) in der ersten Hälfte des 19. Jahrhunderts. Die Gebäude sind keiner Bauvorschrift zur Traufhöhe unterworfen und weisen unterschiedliche Höhen auf.
59 Der Corso Vittorio Emanuele in einer Fotografie vom Ende des 19. Jahrhunderts. Nach Inkrafttreten der Bauordnung von 1877 musste die Höhe aller neuen Gebäude in einem bestimmten Verhältnis zur Strassenbreite stehen.
60/61 Details der Fassadenabschlüsse

Fassadenabschlüsse

Variation

Vom Himmel zum Gesims

Das Gebäude in Via A. Albricci 8, das erste, das 1939 in diesem Block realisiert wurde, scheint mit einer Fensterreihe abzuschliessen, die mit der des darunterliegenden Geschosses identisch ist. Bei genauerer Betrachtung bemerkt man jedoch, dass im letzten Stockwerk die Fassade zwar strukturell weitergeführt ist, aber keine Fenster in die Öffnungen eingesetzt sind; dahinter befindet sich eine Terrasse, die sich über die ganze Fassadenbreite zieht. Die vertikale Sequenz, die sich durch die nach oben zunehmende Fenstertiefe ergibt – vom Erdgeschoss bis zum zweiten Stock schliessen die Fenster bündig mit der Fassade ab, und vom dritten bis zum sechsten Stock sind sie zurückversetzt –, erfährt so einen Schlusspunkt. In der Weiterführung des Gebäudeblocks aus dem Jahr 1952 schlossen Asnago und Vender die extrem flache Fassade des Gebäudes an der Piazza Velasca 4 oben mit einem schmalen Gesims ab. Das Eckgebäude in der Via A. Albricci 10 von 1956 hingegen endet nach oben hin mit einem «leeren» Fassadengeschoss, hinter dem sich eine Attika befindet, die gegenüber dem Gebäude von 1939 tiefer liegt und von der Strasse aus den Blick in den Himmel erlaubt.

62 63

Vom Dachgesims zur Dachrinne

In der Via A. Verga 4 nutzten Asnago und Vender die Dachtraufe, um den einzelnen Teilen des Gebäudes eine hierarchische Ordnung zu geben. Auf der Seite zur Via A. Verga hin läuft die Dachrinne direkt an der Fassade entlang und bildet einen Bestandteil der Traufe: Das Dach ist so Teil des auskragenden Volumens und verstärkt dessen strassenseitige Präsenz. Bei der gartensichtigen Fassade verläuft zwischen der Aussenwand und der Dachrinne eine breite, circa 40 Zentimeter tiefe Schattenfuge, was die Lesart des Daches als autonomes Element verstärkt. Das Interesse der Architekten an einer Differenzierung der Dachtraufe in Abhängigkeit von der volumetrischen Situation sollte bei den Folgebauten noch zunehmen, wie die Gebäude in der Via G. Rossini, an der Piazza Ss. Trinità und in der Via della Signora zeigen.

64 65

62 Detail der Fassade zwischen Via A. Albricci 10 (rechts) und Piazza Velasca (links)
63 Detail der Fassade zwischen Via A. Albricci 8 (rechts) und Via A. Albricci 10 (links)
64/65 Details in der Gestaltung der Dachrinne: einmal direkt an der Wand verlaufend, einmal mit Schattenfuge

Von der Traufe zum Schatten

Bei dem Gebäude an der Piazza Ss. Trinità entwickelten die Architekten das in der Via A. Verga 4 begonnene Schema weiter: Hier dient nicht nur die Dachtraufe als Abschluss des Gebäudes, sondern auch der Schatten des Kranzgesimses und seine Tiefenmodulation. Um die 1,2 Meter tiefen Erkerfenster zu überdecken, realisierten Asnago und Vender ein weit auskragendes Holzgesims, das in seinen Proportionen und der Materialwahl dem Fassadenabschluss eines typischen Mailänder Stadthauses des 18. Jahrhunderts sehr ähnlich ist. In einer ersten Version vom Dezember 1967 fasst ein Abschluss von gleichbleibender Tiefe den gebrochenen Fassadenverlauf. In der Skizze vom Juni 1968 veränderten Asnago und Vender die Dachtiefe, die teilweise mit der Auskragung der Erkerfenster auf eine Linie gebracht wurde, wodurch die gesamte Fassade noch stärker deformiert wirkt. Auf diese Weise wurde auch der Schatten des Dachgesimses zu einem Kompositionselement.

66

67

69

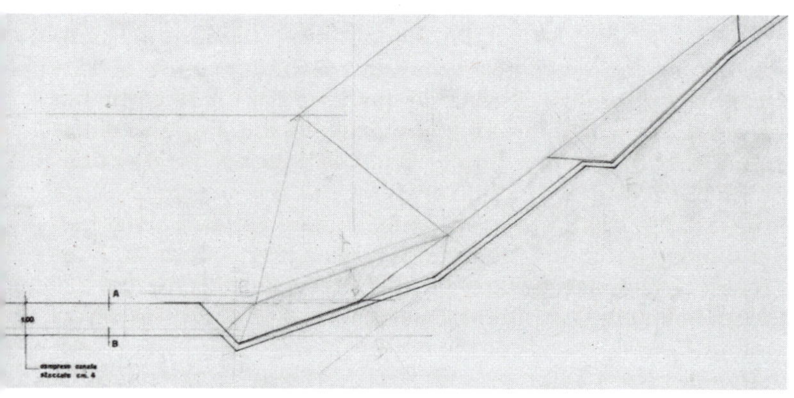

68

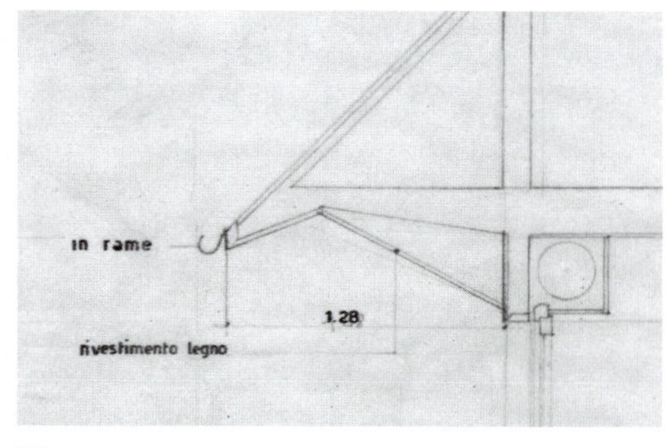

70

66 Detail des ausgeführten Fassadenabschlusses zur Piazza Ss. Trinità hin
67 Fassadenperspektive von der Piazza Ss. Trinità aus (Detail). Auf dem Entwurf von Asnago und Vender basierende Zeichnung, signiert «Studio Terrosi», datiert 12.12.1967
68 Zeichnung mit der Darstellung der Geometrie von Traufe und Erkerfenstern, Massstab unbekannt, datiert Juni 1968
69 Dachtraufe und Dachgesims im 18. Jahrhundert in Mailand
70 Detailzeichnung mit Dachtraufe und Gesims, Massstab 1:20, datiert 20.06.1967

71

Vom Schatten zum «Schirm»

An dem Gebäude in der Via della Signora wird der Dachrinne mehr Bedeutung beigemessen als in den vorherigen Werken. Da man trotz ausknickender Fassade eine horizontale Firstlinie beibehalten wollte, musste sie in die Vertikale geneigt werden. In den Plänen vom Juni 1966 ist der Dachrinnenverlauf trotz des Fassadenvorsprungs noch horizontal und ohne Deformation der Firstlinie angezeigt. Erst in einer Zeichnung vom Dezember 1966 scheinen die Folgen der Volumetrie für die Dachgeometrie erkannt worden zu sein und die Dachrinne wird geneigt. Dass die Firstlinie des Daches zunächst nicht deformiert wurde – ein Vorgehen, das den Architekten alles andere als fremd war, haben sie es doch bei verschiedenen Bauten realisiert, zum Beispiel bei der Attika in der Via G. Rossini, 1962 –, zeigt, dass die Dachrinne ganz bewusst als Entwurfselement geneigt wird.
Die Sichtbarkeit des Daches im Stadtraum aufgrund seiner starken Neigung (45°), das Absenken der Dachrinne und das Weglassen einer Dachgaube genau über dem tiefsten Punkt der Dachrinne beziehungsweise dem am weitesten auskragenden Teil der Fassade verleihen dem Dach das Gewicht eines eigenständigen Kompositionselementes. Wie ein Schirm überdeckt es das Attikageschoss und definiert die Bekrönung des Gebäudes. Das Potenzial des Daches als eigenständiges Kompositionselement war von Asnago und Vender jahrzehntelang an den ausserhalb Mailands gelegenen Landvillen untersucht worden und fand nun nach einigen Experimenten, darunter das Gebäude in der Via G. Rossini aus dem Jahr 1962, seine städtische Ausformulierung.

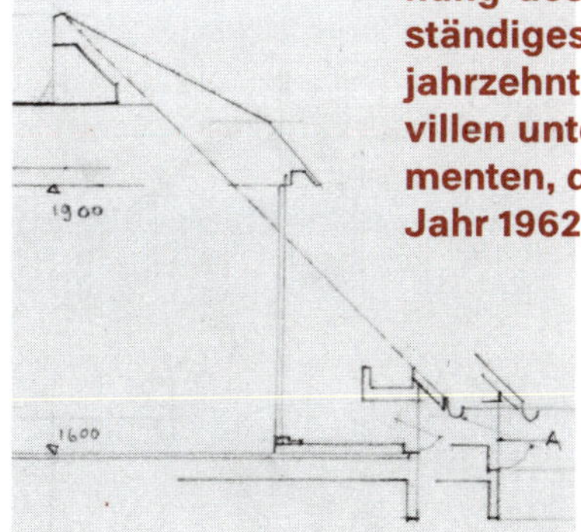

72

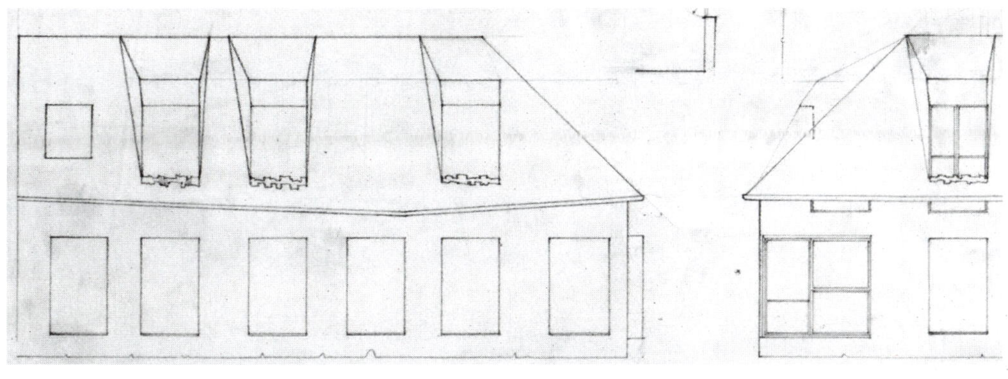

73

71 Das Gebäude in der Via della Signora direkt nach der Fertigstellung
72/73 Zeichnungen von Dachdetails, Massstab unbekannt, datiert 27.12.1966

Exkurs

Die Landvillen – Versuchsobjekte für die Gestaltung von Dach und Schatten

Neben den Wohnhäusern in der Mailänder Innenstadt realisierten Asnago und Vender verschiedene kleine Villen auf dem Land. Diese Projekte zeichneten sich durch eine gewisse formale Freiheit aus und waren Versuchsobjekte für architektonische Lösungen, die später bei den Gebäuden in Mailand Anwendung finden sollten.

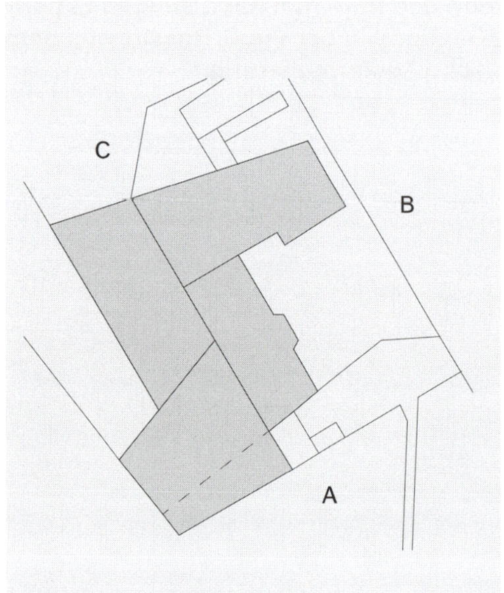

Villa Vegni, Barlassina, 1954 – Episoden

Jede Seite der Villa ist anders gegliedert und weist ein unterschiedliches Verhältnis zwischen Gebäudevolumen, Dach, Traufe und Schattenwurf auf. Das jeweilige Wechselspiel dieser Elemente untereinander bringt einzelne «Episoden» hervor: verschiedene Vorsprünge, einen Laubengang oder eine aufgehängte Dachrinne.

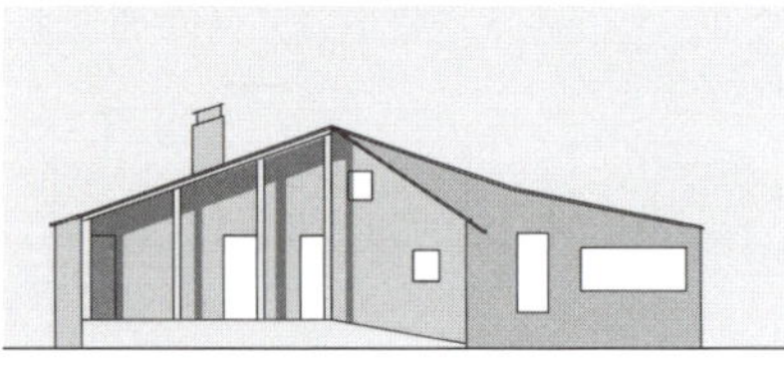

A

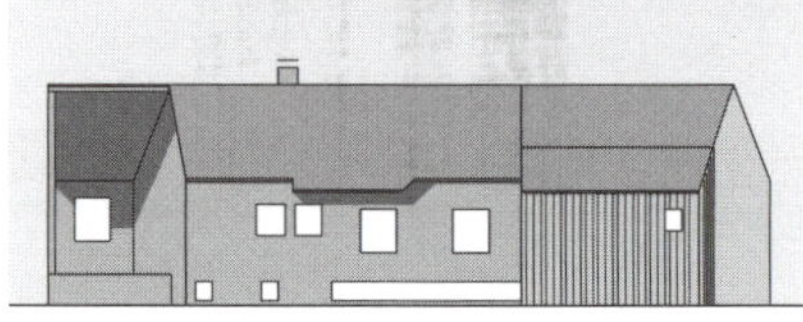

B

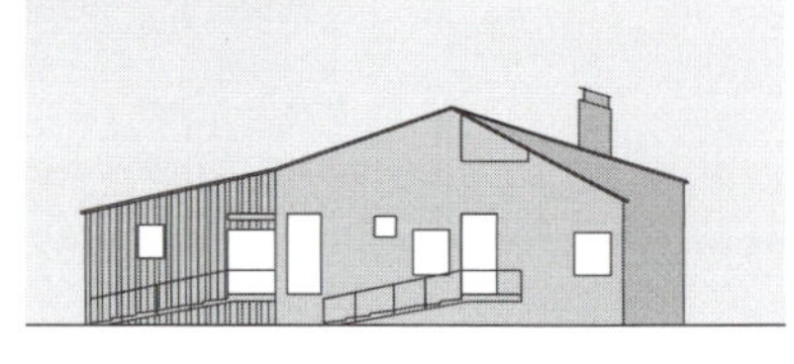

C

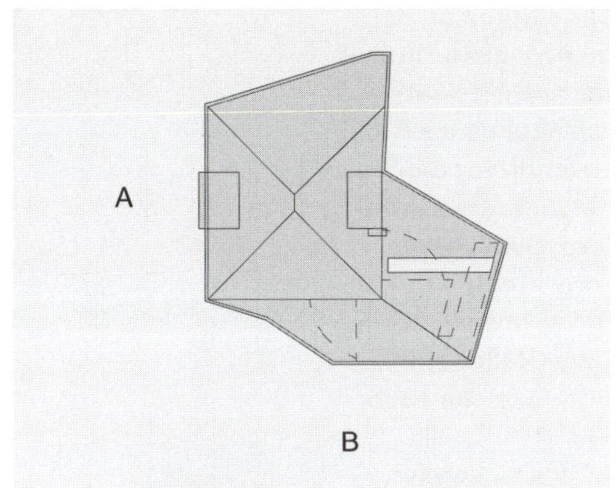

Villa Conti, Barlassina, 1959 – Divergenzen

Fünf Jahre nach dem Bau der Villa Vegni wurde in der Villa Conti entsprechend der Modulation der Gebäudevolumina auch das Dach deformiert gestaltet. Die Traufinie folgt den verschiedenen, nicht durchgängigen Dachflächen und hat deshalb einen gebrochenen Verlauf. Neu ist hier, dass die Traufinie unabhängig und in Abweichung von der Linie der Aussenmauern konzipiert wurde.

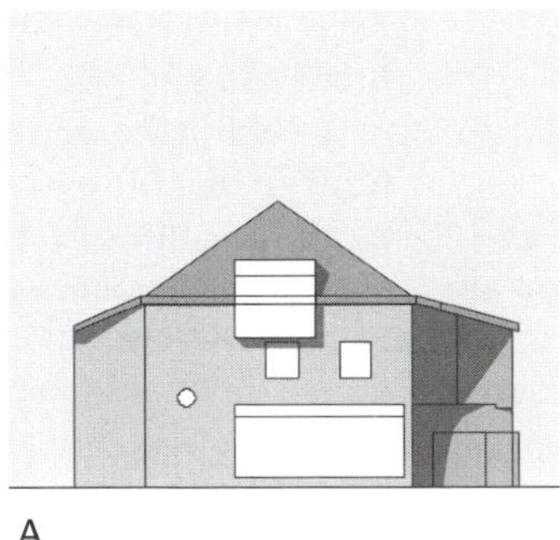
A

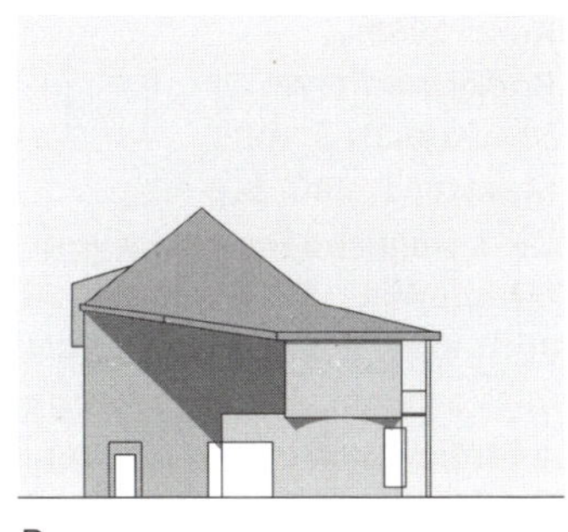
B

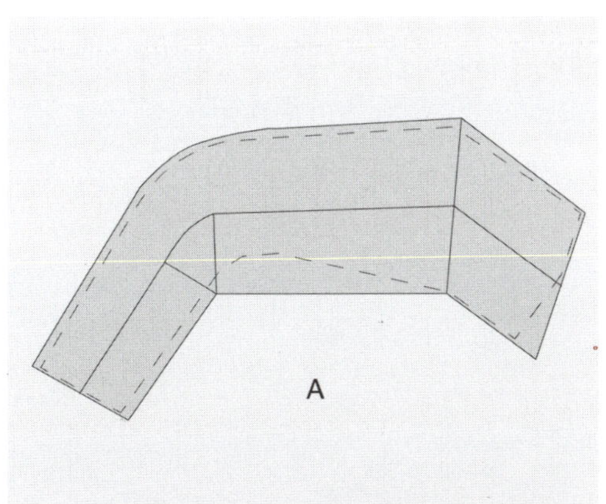

Villa Pessina, Sirtori, 1961 – Fortlaufender Schatten

Das Phänomen der Divergenz zwischen Traufe und Aussenmauern wurde in der Villa Pessina wieder aufgegriffen und synthetisiert: Ein durchlaufender Dachüberhang erzeugt verschiedene Schatten entlang des Gebäudevolumens. Dieses Phänomen erlebt bei dem Gebäude an der Piazza Ss. Trinità seinen Höhepunkt, wo sich Traufe und Volumetrie einander annähern und wieder voneinander entfernen, ohne dass eines der beiden Elemente dominieren würde. Der fortlaufende, aber immer unterschiedlich tiefe Schatten, der dabei entsteht, wird so zu einem wesentlichen Bestandteil der architektonischen Gesamtkomposition.

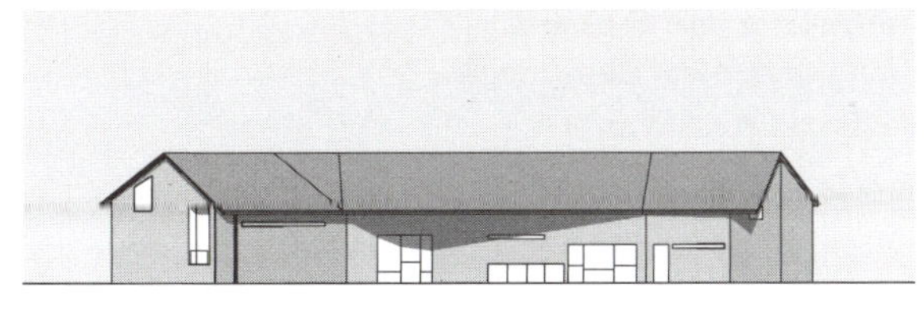
A

1 «[...] die dringlichste Aufgabe der Commissione d'Ornato (die noch lange, bis in die Jahre der Restauration währen sollte), besteht darin, die Bauproduktion zu kontrollieren und so den kollektiven Wert der Stadt zu beurteilen und anzupassen, indem man auch die ‹unbedeutendere› Architektur, die das städtische Gefüge ausmacht, dem Urteil und der Laune der Privatleute entzieht.», vgl. Patetta, Architettura, 1978 S. 22.

2 Rossi 1956.

3 Portoghesi 1978.

4 Muzio 1931, S. 1085.

5 Maertens 1885, S. 6.

6 Die königliche Depesche vom 13. Februar 1777 kündigte den *Piano delle Strade* an und begründete dessen Notwendigkeit mit den «Vorteilen, die aus einer gut organisierten Strassenreinigung für den Handel und die allgemeine Annehmlichkeit entstehen sollen». Kein Wort über die Zier der Strassen, aber viele über die unerlaubte Nutzung des öffentlichen Bodens von Seiten der Privatleute, über die negativen Folgen für den Handel und die Gesundheit sowie über die Modalitäten des Strassenbaus, vgl. Cesareo reale dispaccio 1785.

7 Vgl. *Regolamento Edilizio del Comune di Milano,* Mailand 1961, Artikel 45.

8 Ebd., Artikel 46.

9 Maertens 1890, S. 6.

10 Der Architekt Luigi Mattioni (1914–1961) realisierte verschiedene Bauten in Mailand und war in der Nachkriegszeit Mitglied der zentralen Kommission für den Wiederaufbau.

11 Mario Asnago und Claudio Vender, Brief an den Bürgermeister von Mailand, 12. März 1962, Archivio Civico del Comune di Milano, Fascicolo edilizio via A. Verga 4.

12 Ebd.

13 Mario Asnago und Claudio Vender, Brief an den Bürgermeister von Mailand, 22. Mai 1962, Archivio Civico del Comune di Milano, fascicolo edilizio via A. Verga 4.

14 Ebd.

15 Sitte 1868, S. 127.

16 Loderer 1981, S. 43–44.

17 Gurlitt 1920, S. 321–322.

18 Vgl. Arnheim 1977, S. 110 ff.

19 Die Bedeutung der «Sehpunkte» im Stadtraum wird von Karl Henrici in seinen Schriften theorisiert, siehe Bibliographie.

20 Asnago und Vender belegten an der Accademia di Brera neben Architekturkursen auch einige Kurse in Malerei. Beide entwickelten parallel zu ihrer Tätigkeit als Architekten eine grosse Leidenschaft für die Malerei. Mario Asnago hat mehrere Einzelausstellungen vorzuweisen. Die Analyse, das Dekonstruieren und das erneute Rekonstruieren der Realität mit den Mitteln der Malerei spielte eine wichtige Rolle für ihre Art der Architekturkonzeption, siehe auch Bräm 2003.

21 Mario Asnago und Claudio Vender, Brief an den Bürgermeister von Mailand, 28. Januar 1966, Archivio Civico del Comune di Milano, fascicolo edilizio Via Laghetto 15.

22 Karl Henrici, Die künstlerischen Aufgaben im Städtebau, Aachen 1891, veröffentlicht in Henrici 1905, S. 1.

23 Loderer 1981, S. 56. Bei der Definition dieses Phänomens zitiert der Autor auch Le Corbusiers Ausspruch «Le dehors est toujours un outre dedans».

24 Zum Beispiel beim Gebäude von Vico Magistretti am Corso di Porta Ticinese 80 von 1951, das von Gio Ponti – auch aufgrund seines grosszügigen Dachvorsprungs zur Strasse hin – als «Mailänder Haus» bezeichnet wurde, siehe Ponti 1951.

74

75

Die *cortina*: Homogenisierung oder Individualismus?
74 Postkarte von der Via A. Albricci aus den sechziger Jahren
75 Die Unabhängigkeit der Fassadengestaltung von der Funktion: Studien für das S.T.T.S.-Gebäude von Piero Portaluppi am Corso Sempione, Mailand, 1926

Die Regeln der Ausnahme

Von der Oberfläche der cortina zu den Baukörpern in der Stadt

«Die schönsten Städte sind immer aus der Dreidimensionalität heraus entstanden. Das bedeutet, dass man sich beim Entwerfen nicht nur um einen guten Strassenverlauf und dessen richtige Proportionen [...] kümmern sollte, sondern auch um das, was die Maurer hochziehen werden [...]. Ein Architekt von Baukörpern muss man also sein, nicht ein Vermesser von Flächen.» [1]
Ferdinando Reggiori

Architekten von Baukörpern

Reggiori thematisiert hier einen Prozess, der Mitte der 1920er Jahre in Italien mit dem Club degli architetti urbanisti, dem er selbst angehörte, seinen Anfang nahm. Der Gründer des Clubs, Giuseppe De Finetti, brachte von seinen Aufenthalten in Berlin und Wien nicht nur die Ideen Camillo Sittes mit nach Mailand, sondern auch die dreidimensionale Herangehensweise in der Architektur- und Stadtplanung, die er an der Bauschule in Wien bei Adolf Loos kennengelernt hatte.[2] Dieser Einfluss lässt sich bei verschiedenen Mailänder Projekten[3] De Finettis beobachten und zeigt, wie aktuell diese Methode während Asnagos und Venders Studienzeit zwischen dem Ende der 1920er Jahre und der

1 Reggiori 1933, S. 573.

2 De Finetti hielt sich zwischen 1912 und 1915 in Berlin und Wien auf. In Wien nahm er an den Kursen der von Adolf Loos informell organisierten Bauschule teil, die in Loos' Büro stattfanden oder aus Spaziergängen durch die Stadt bestanden. Loos schreibt: «Auf diese Weise brachte ich meine Schüler dazu, dreidimensional [...] zu denken. Wenige Architekten können das heute; mit dem Denken in der Fläche scheint die Erziehung des Architekten heute abgeschlossen.», vgl. Loos 1913.

3 Siehe die perspektivischen Entwürfe für die Mailänder Hotels Scala und Hic Manebimus Optime, beide 1920.

ersten Hälfte der 1930er Jahre war. Es ist schwierig, anhand der Pläne und Zeichnungen nachzuweisen, ob und inwiefern die beiden Architekten an diesen Themen interessiert waren. Der grösste Teil ihres Nachlasses besteht aus Ausführungsplänen sowie einigen grossformatigen Kohlezeichnungen, doch sind nur sehr wenige vorbereitende Skizzen und so gut wie keine schriftlichen Dokumente von Asnago und Vender erhalten. Aufgrund dieser Archivlage ist es schwierig, die Phasen des Entwurfsprozesses nachzuvollziehen. Die Untersuchung ihrer ausgeführten Werke im jeweiligen Kontext ist jedoch eine effiziente Methode, um einige Anhaltspunkte zu ihrer Planungsweise zu ermitteln; aus diesem Abstand heraus gewinnen die beschriebenen Architekturelemente aufgrund ihrer Position im Stadtraum an Bedeutung.
Wie aus den Studien von Maertens klar hervorgeht, kann das Auge nicht die gesamte Stadt mit einem Blick erfassen. Es folgt vielmehr einer dramaturgischen Inszenierung in Zeit und Raum, die sich aus Einzelsituationen zusammensetzt. Auch im 20. Jahrhundert beobachtete Luigi Moretti «die Unmöglichkeit einer klaren Gesamtvision» und befürwortete eine Wahrnehmung in Abschnitten.[4] Zieht man nun die Konsequenzen aus diesen Beobachtungen für die Architektur im städtischen Raum, so bedeutet dies, dass man die Punkte des grössten Interesses für das Auge entlang der Fassaden eines Gebäudes ausmachen und die Positionen möglicher visueller Zielpunkte definieren kann. Die Untersuchung der Bauten von Asnago und Vender in ihrem Kontext zeigt, dass sich ein Grossteil der im vorhergehenden Kapitel thematisierten Variationen genau an diesen Punkten befinden. Dies belegt das Interesse der Architekten an der Wahrnehmung im städtischen Raum.

Form folgt städtischem Raum

Die im Bebauungsplan definierte Fassadenflucht bestimmt die im öffentlichen Raum sichtbare Oberfläche, die der Architekt gestalten kann und die nicht zwingend einen direkten Bezug zu der dahinterliegenden Funktion hat.[5] Die verschiedenen Fassadenvarianten Piero Portaluppis für sein S.T.T.S.-Gebäude am Corso Sempione aus dem

4 1931 erhielt Luigi Moretti die Borsa di Studio Triennale di Studi di Roma. Unter den Zeichnungen, die während dieser Stipendienzeit entstanden, finden sich unter anderem: «Analyse zur Demonstration der Unmöglichkeit eines eindeutigen Standpunktes zur visuellen Erfassung des Jüngsten Gerichts» und «Bestimmung der aufeinanderfolgenden Blickwinkel und ihrer Linien im Jüngsten Gericht». Die Analyse der abschnittsweisen Wahrnehmung des Kunstwerks wird fester Bestandteil des Schaffens des Architekten, vgl. hierzu Reichlin 2010, S. 28.

5 Der Historiker Danilo Samsa definiert die Aufgabe der Fassadenflucht, wie folgt: «[Sie soll] eine passende Hülle sein, die ein passiv aus der Bauordnung und dem Bebauungsplan heraus entstandenes Bauwerk verschönern kann und die Illusion vermittelt, dass die so entstandene Form des schönen Scheins auch eine rein architektonische Form ist.», vgl. Samsa 1992, S. 305.

Jahr 1926 sind ein gutes Beispiel für dieses Phänomen einer unabhängigen Fassade und für die daraus folgende mögliche ästhetisierende Wirkung auf die Architektur. Im Fall von Asnago und Vender scheint es sich nicht um einen gestalterischen Formalismus zu handeln, sondern um ein aufrichtiges Interesse an einer der spezifischen städtischen Situation angepassten Komposition, wie die Analyse der Fassaden sowohl hinsichtlich der Variation ihrer Kompositionselemente als auch der dahinterliegenden Funktionen belegt. Entsprechend dem Motto der Modernisten «Die Form folgt der Funktion» würde man erwarten, dass die Komposition der Fassaden die Funktionen des Gebäudes widerspiegelt.[6] Ein eingehender Blick auf die Mailänder Bauten von Asnago und Vender zeigt aber, dass dieses Verhältnis für die beiden Architekten deutlich komplexer ist.

Bei dem Gebäude in der Via G. Govone kann die Wiederholung identischer Wohnungen in allen Stockwerken nicht der Grund sein für die vertikale Differenzierung der Fassade (kleine Balkone in den ersten drei Stockwerken und Balkone entlang der gesamten Fassadenbreite in den oberen Stockwerken). Das Gebäude an der Piazza Velasca beherbergt vier Etagen mit Büros und drei Etagen mit Wohnungen, die Fassade jedoch weist in drei Stockwerken quadratische, mit der Fassade bündig abschliessende Fenster auf, in den anderen vier Stockwerken zurückgesetzte französische Fenster.[7] In der Via col Moschin wurde Räumen mit unterschiedlichem Beleuchtungs- und Lüftungsbedarf (Bäder, Schlaf- und Wohnzimmer) ausnahmslos dasselbe Fenster mit kleinem Balkon zugewiesen.

Wir haben es hier also mit einer Fassadenkomposition zu tun, die von der dahinterliegenden Funktion unabhängig ist. Asnago und Vender erlaubten sich folglich innerhalb gewisser, nicht allzu weit gesteckter Grenzen, von dem oben zitierten Axiom der Modernisten abzurücken. Sie gestalteten die Fassaden mit Rücksicht auf die spezifische Situation ihres Umraums und gehorchten dem Prinzip «Die Form folgt dem Stadtraum». Auch die kompositorischen (Reduzierung der Fensterabstände in der Vertikalen, Verschiebung von einem oder mehr Fenstern aus ihrer Achse) und die volumetrischen Modulationen der Fassade (Auskragungen, Deformationen, Rücksprünge) entsprechen häufig diesem Prinzip.

Was die Fassadengestaltung anbelangt, so kann man derartige Phänomene bei Asnago und Vender zum ersten Mal an der Fensterverschiebung in der Via C. Balbo (1947) oder an dem metallischen Rahmenwerk bei dem Gebäude an der Ecke der Via F. Faruffini (1953) beobachten. Den Gestaltungsansatz mit Auskragungen findet man bei verschiedenen

6 Das Motto «Form follows Function» wurde von Louis Sullivan geprägt, vgl. Sullivan 1896.

7 Vgl. Tre case diverse, un'architettura 1951, S. 4.

Gebäuden. Bei dem Gebäude in der Via Senofonte (1955) kann die plastische Deformation der Fassade nicht mit der Notwendigkeit tieferer Balkone begründet werden, sondern scheint dem Wunsch zu entspringen, der Strassenflucht einen visuellen Abschluss zu geben. Die leichte volumetrische Deformation der Gebäudekante in der Via A. Albricci (1958), die die beiden Architekten durch das Verschieben und Isolieren einiger Fenster erreichen, ist eine Reaktion auf die Perspektive von der Via Larga und von der Piazza Velasca aus. Bei dem Bau am Corso Sempione (1961) beginnt das Streben nach Frontalität zur Strassenperspektive mit Hilfe des Erkerfensters, das wir in verschiedenen Formen auch an den Gebäuden in der Via Pisanello (1968), in der Via A. Verga (1964), in der Via P. Giannone (1968) und in der Via della Signora (1969) finden. Obwohl das Argument einer grösseren Nutzfläche durch Auskragungen sicherlich nicht irrelevant ist, suggeriert deren komplexe architektonische Gestaltung ein Interesse an ihrer Wirkung vom Strassenraum aus; durch die seitliche Negativfaltung der Auskragungen bei den Gebäuden am Corso Sempione und in der Via Pisanello scheinen die Architekten den Blick festhalten und visuelle Zielpunkte in der Strassenflucht anbieten zu wollen.
Die Analyse der Fassaden- und Baukörperkomposition, die häufig aus der Nahsicht und mit Blick auf die «Künstlerseele» der beiden Architekten erfolgt, die zunächst Kunststudenten und auch später immer noch als Maler aktiv waren, veranlasste Renato Airoldi zu der Aussage «Sie entwarfen als Maler»[8] und Gio Ponti zu der Feststellung: «Asnago und Vender gestalten wunderschöne Fassaden, entwerfen eine Oberfläche und betreiben dabei die Kunst der Grafik.»[9] Diese Interpretation scheint durch die Untersuchung der Werke in ihrem städtischen Kontext in Frage gestellt. Die Kompositionsmethode der beiden Architekten offenbart sicherlich eine künstlerische Seele – die Gebäude wurden mittels grossformatiger Kohlezeichnungen, den Skizzen für ein Gemälde ähnlich, geplant –, doch ihr Ziel scheint wesentlich rationaler zu sein, indem es die Orte und Mittel identifiziert, die für die Belebung des städtischen Umraums geeignet sind.

8 «[...] es ist sehr wahrscheinlich, dass Asnago und Vender bei der Komposition ihrer Fassaden und beim Entwerfen ihrer Innenraumgestaltung mehr die abstrakte Kunst als den Rationalismus im Auge hatten, mehr die Malerei als die Architektur. Sie entwarfen als Maler.», vgl. Airoldi 1986, S. 18.

9 Ponti 1957, S. 140.

1933–1939

Flächen der cortina

Die ersten, bis 1939 entstandenen Bauten Asnago und Venders in Mailand sind vom Thema des Horizonts im städtischen Raum geprägt. Die Architekten akzeptierten die Vorschrift, die Baulinie entlang der Strasse einzuhalten, also ihre Fassade in eine durchgehende Fassadenflucht einzugliedern. In einer Reihe von Experimenten zur vertikalen Sequenz von Sockel, Piano nobile und oberem Abschluss unterteilten sie die Fassaden in zwei Teile und schufen so einen von der Strasse aus wahrnehmbaren «Horizont». Die unten dargestellte Fassadenreihe zeigt schön, wie dieser Horizont variiert, allerdings bei ähnlicher Proportionierung. Analysiert man diese Höhen mit Hilfe der von Maertens berechneten «idealen» Proportionen für einen «architektonischen Blick» («Augenaufschlagswinkel» von circa 27°), dann zeigt sich, dass die wechselnde Horizonthöhe immer in Proportion zur Breite der Strasse steht. So ist der Blickwinkel für den Horizont in der Via G. Govone in der Tat 29°, in der Viale Tunisia 26,5° und in der Via Euripide 30,6°.
Der untere Teil der Fassaden, der den Boden berührt und auch in Kontakt mit dem Auge des Betrachters steht, also einen visuellen Bezugspunkt darstellt, wird nach oben hin durch Positivformen in Gestalt von Balkonen (Via G. Govone) oder durch Negativformen in Gestalt eines leichten Rücksprungs des Gebäudevolumens (Viale Tunisia, Via Euripide 9)

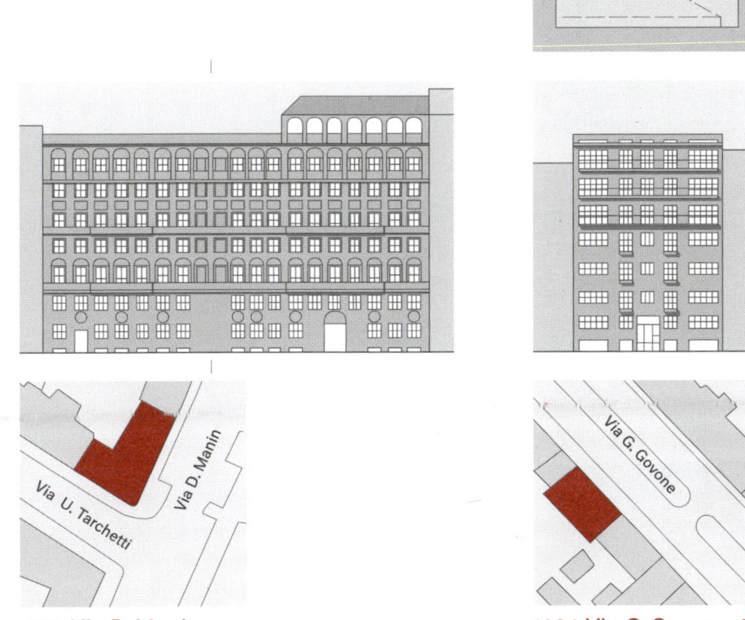

1933 Via D. Manin

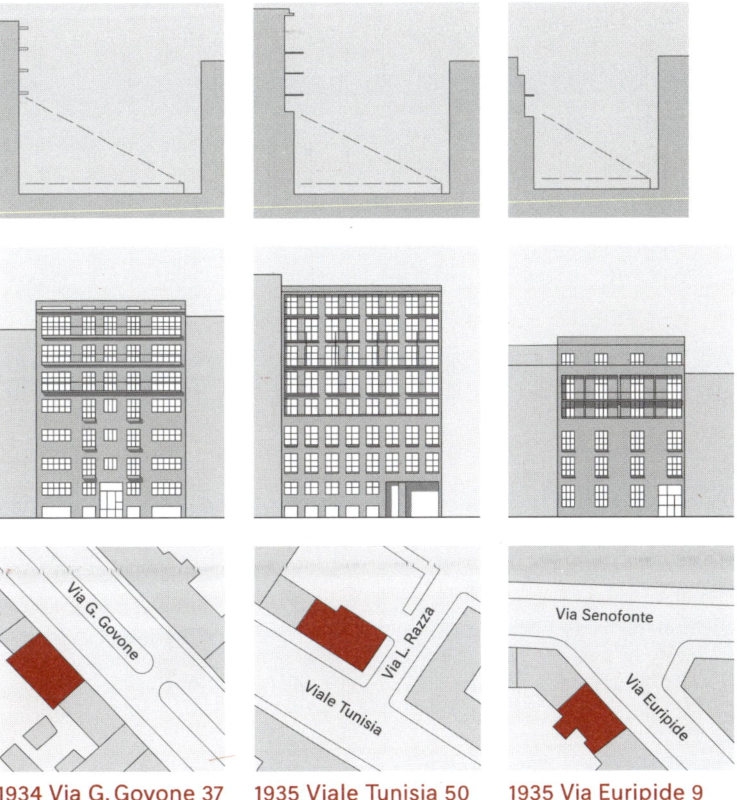

1934 Via G. Govone 37 1935 Viale Tunisia 50 1935 Via Euripide 9

abgeschlossen. In der Via Euripide 1 hingegen wurde die Fassade als visueller Bezugspunkt auf den Kopf gestellt; hier definieren die Balkone in den unteren Stockwerken das Format der vertikalen Flachreliefs in den oberen Stockwerken. Das Motiv für diese Umkehrung findet sich in der kleinen Gartenanlage an der Viale Cassiodoro, die eine Nahansicht des Gebäudes verhindert; der ideale Blickpunkt für diese Fassade liegt tatsächlich in einer Distanz von etwa 35 Metern vom Gebäude. In der Via A. Albricci 8 wird die Aufteilung in zwei Fassadenflächen unter- und oberhalb der Horizontlinie mittels einer bündigen Anordnung der Fassadenelemente komplanar. Das Interesse an «dem, was man sieht» im städtischen Raum, hatte gerade in den frühen Werken von Asnago und Vender einen grossen Stellenwert und avancierte zum treibenden Motor für die ersten Fassadengestaltungen. Alle Fassaden aus dieser Zeit suggerieren Zweidimensionalität innerhalb der Fassadenflucht im städtischen Raum. Bei den Gebäuden in der Via D. Manin und in der Via Euripide 1 wurden die Fassaden trotz der Ecklage der Gebäude, die eigentlich eine dreidimensionale Ausweitung in den Strassenraum implizieren würde, unterschiedslos oder sogar die Ecksituation negierend weitergeführt (siehe die Blindfenster an der Gebäudekante in der Via D. Manin).

76 Via G. Govone 37, 1934

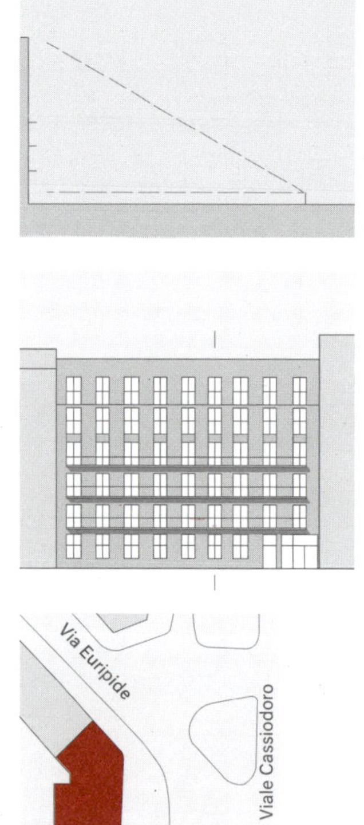

1937 Via Euripide 1

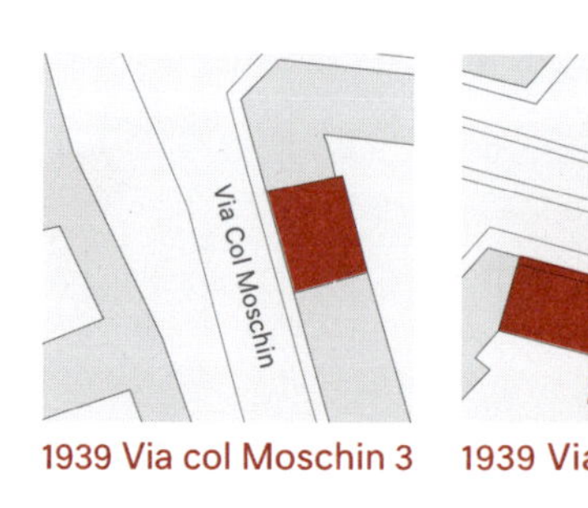

1939 Via col Moschin 3

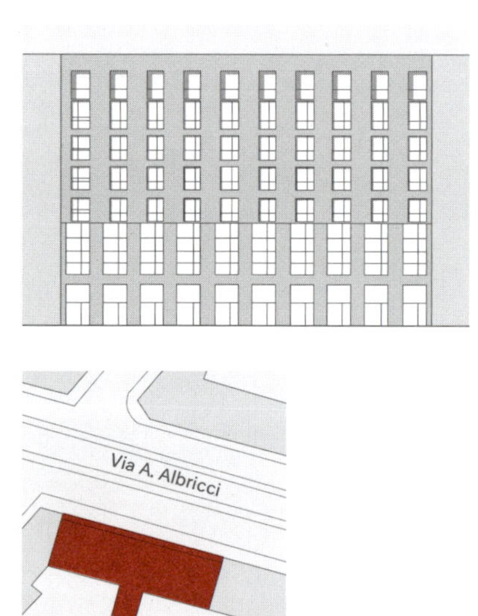

1939 Via A. Albricci 8

1947–1958

Fassaden an der Strasse

Einige Jahre nach Kriegsende begannen Asnago und Vender, sich mit der Ecksituation von Gebäuden im städtischen Raum zu beschäftigen. Während bei den vorhergehenden Realisationen das Gebäude als Teil der Oberfläche innerhalb der Fassadenflucht betont wurde, probierten die Architekten in der Via C. Balbo die Möglichkeit aus, bei den beiden Fassaden das Volumen mit Hilfe eines neuen Gestaltungsmittels zu definieren, das eines ihrer unverwechselbaren Markenzeichen werden sollte: das nicht bündig ausgerichtete Fenster. Im Unterschied zum bündig ausgerichteten Fenster zieht das nicht bündig ausgerichtete Fenster die Aufmerksamkeit des Betrachters auf sich und definiert die vertikalen und horizontalen Proportionen von Baukörper und seinen Untergliederungen neu. Wie die beiden Architekten selbst in einem Brief an die Stadt in Bezug auf die Fassaden des Gebäudes in der Via F. Faruffini schrieben, erlaubte ihnen dieser Kunstgriff, die volumetrischen Dissonanzen im städtischen Raum auszugleichen.

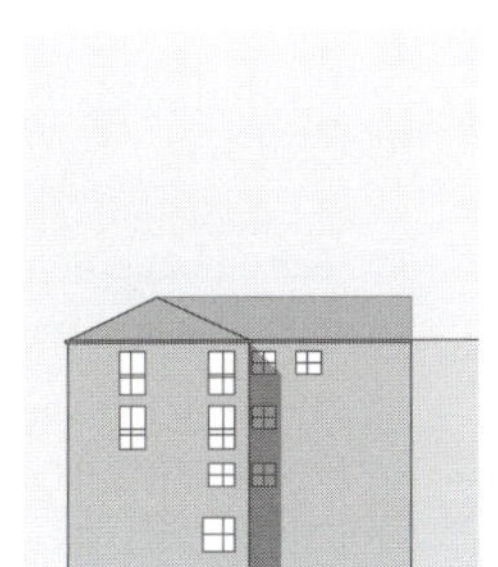

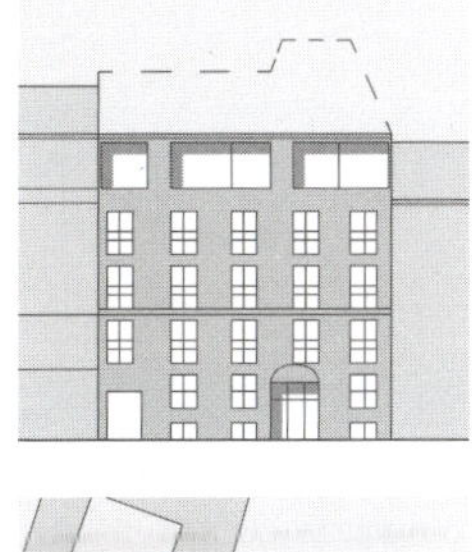

1947 Via C. Balbo 1
Links: Via Salasco
Rechts: Via C. Balbo

1948 Via Plutarco 13

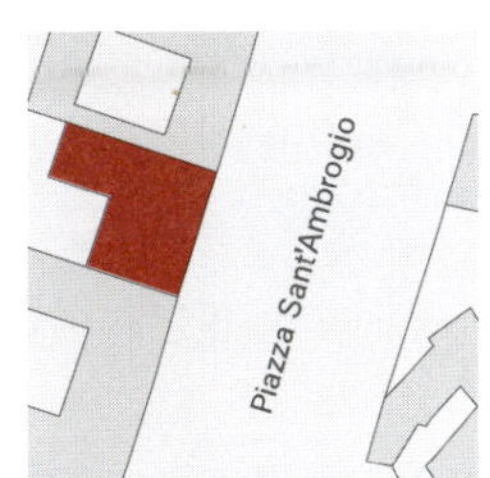

1948 Piazza Sant'Ambrogio 14

1950 Via Lanzone 4

«Was die Verschiebung eines Fensters an der Fassade zur Via Colonna anbelangt, unbeschadet der Tatsache, dass dies nicht aus dem Wunsch nach Originalität um jeden Preis geschieht, so sind wir überzeugt, dass wir damit ein Übermass an Vertikalität vereiteln, da durch die Verschiebung eine Verbreiterung entsteht, die im Gesamtbild der Fassade eine nicht zu unterschätzende Funktion hat. [...] Gerade weil wir diesem Konzept folgen, verspüren wir mitunter die Notwendigkeit, eines der Fenster leicht nach oben oder unten zu verschieben: Für uns ist eine solch leichte Asymmetrie in der Tat ein der spontanen Empfindung folgendes Mittel, um die Architektur zu beleben, die ansonsten kalt und ausdruckslos bliebe.»
(Mario Asnago und Claudio Vender, Brief an die Stadt vom 18. Februar 1954, Archivio Civico del Comune di Milano)

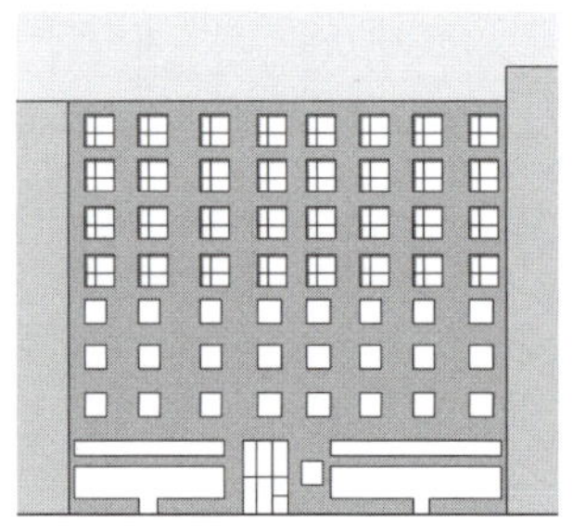

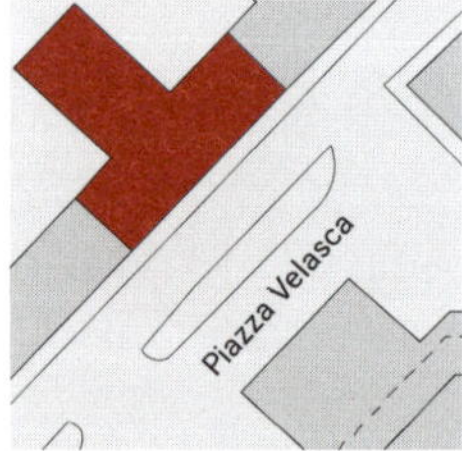

1952 Piazza Velasca 4

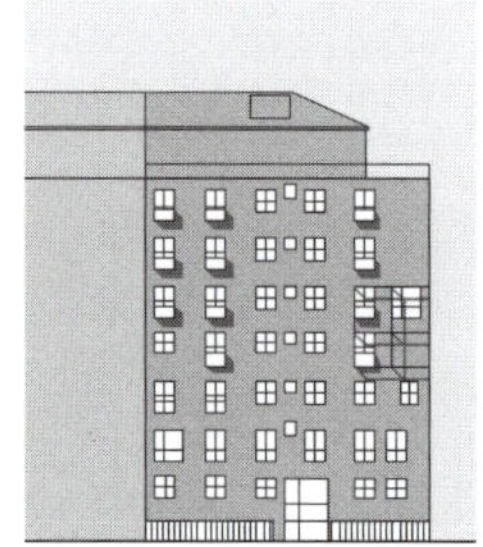

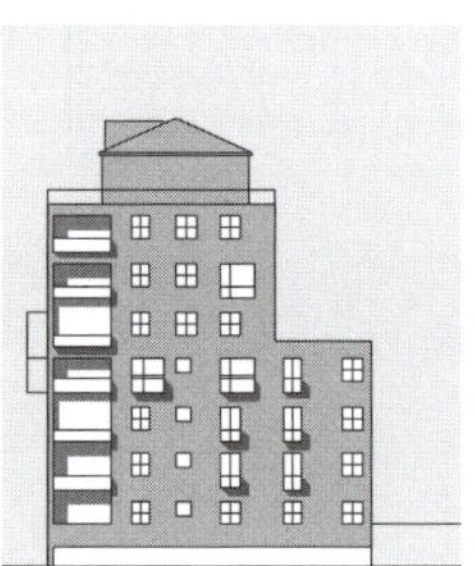

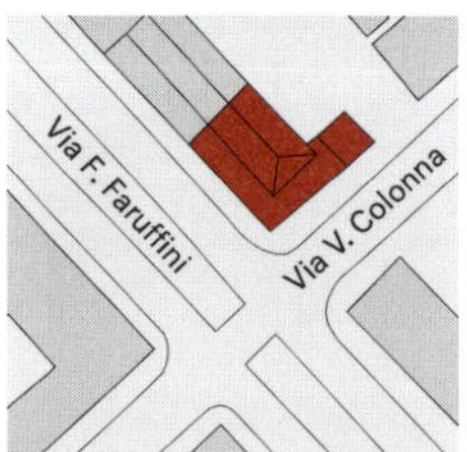

1953 Via F. Faruffini 6
Links: Via F. Faruffini
Rechts: Via Colonna

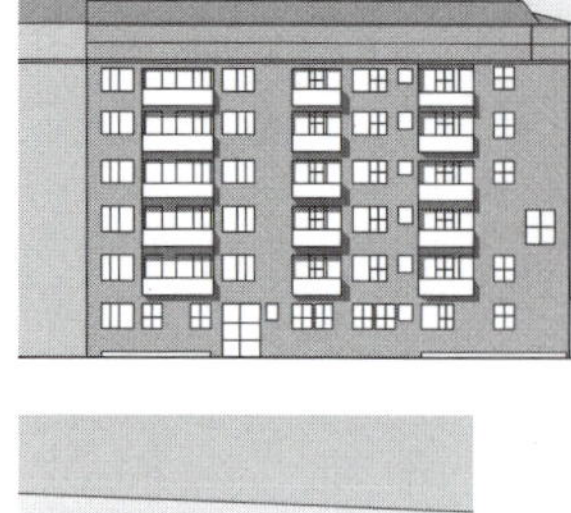

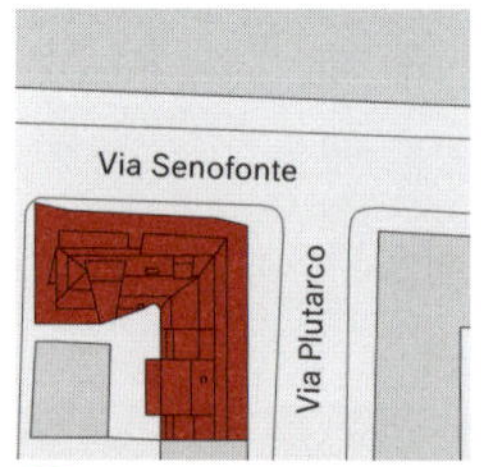

1955 Via Senofonte 9
Links: Via Plutarco
Rechts: Via Senofonte

77 Via F. Faruffini 6, 1953

Mit der «Belebung» der Architektur banden Asnago und Vender das Gebäude in seinen Kontext ein und schufen visuelle Zielpunkte: In der Via F. Faruffini / Via Colonna markiert ein Metallrahmen die Ecke und «zentriert» die Gebäudekante in der Perspektive des Betrachters aus der Via Correggio; in der Via Senofonte bildet das Fenster, das zur Via Plutarco hin verschoben wurde, ein Gegengewicht zur volumetrischen Deformation der Fassade; in der Via A. Albricci 10 rücken die zwei aus der Achse verschobenen Fenster die Fassade in die Blickachse der Via Larga.
Asnago und Vender beschäftigten sich nicht nur mit der Anordnung der Elemente an der Fassade, sondern versuchten auch, den Verlauf der Fassadenflucht leicht zu verformen. So deformierten sie etwa in der Via Senofonte die Fassade, damit diese einen Abschluss der tiefen Strassenflucht bildet. Die Fassade in der Via A. Albricci 10 neigt sich leicht zur Piazza Velasca hin, wodurch die Wahrnehmung verzerrt wird und nun zwei aus der vertikalen Achse verschobene Fenster dem Auge einen Bezugspunkt bieten.

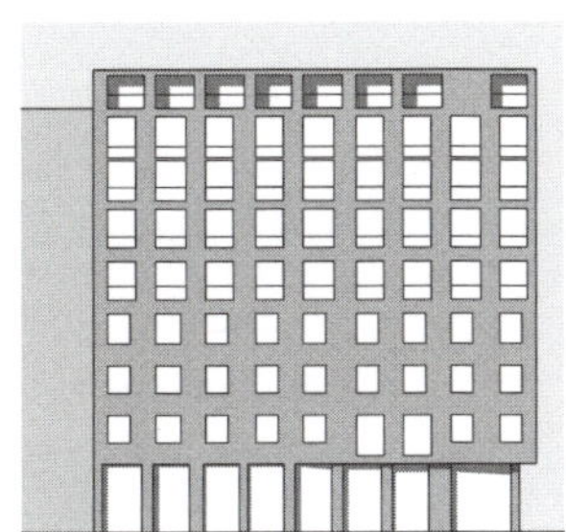

1958 Via A. Albricci 10
Links: Piazza Velasca
Rechts: Via A. Albricci

1958–1972

Baukörper im Stadtraum

Das Gebäude in der Via Caterina da Forlì befindet sich in einem Neubauviertel und ist ein im Stadtraum zu allen Seiten freistehender Baukörper. Es handelt sich hierbei um den ersten Bau von Asnago und Vender, der nicht in eine Fassadenflucht eingebunden ist. Die beiden Architekten nutzten diese Gelegenheit und behandelten ihn auf jeder Seite andersartig. Von diesem Zeitpunkt an schien ihr Hauptinteresse auf die Plastizität der Baukörper gerichtet; sie schufen auf unterschiedliche Art und Weise Frontalitäten im Strassenraum. Für das Gebäude am Corso Sempione 75 entwarfen sie ein komplexes, auskragendes Konstrukt, das der Fassade nicht aufgesetzt, sondern in sie integriert wurde. Damit gingen sie weit über die Idee eines konventionellen Erkerfensters hinaus und schoben das gesamte Gebäude in die Blickachse der Strasse. Dieses Element entwickelten sie für das Gebäude in der Via Pisanello weiter, wo es zweimal wiederholt wurde, und es erlebte an der Piazza Ss. Trinità seinen Höhepunkt, wo die Wiederholung des auskragenden Elementes sogar den Rhythmus der gesamten Fassade bestimmte.

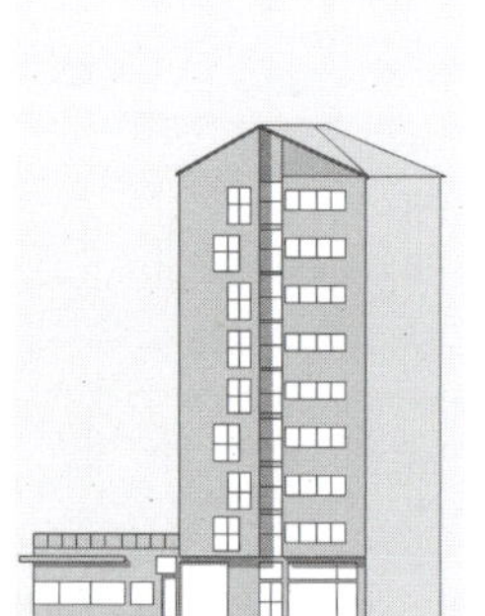

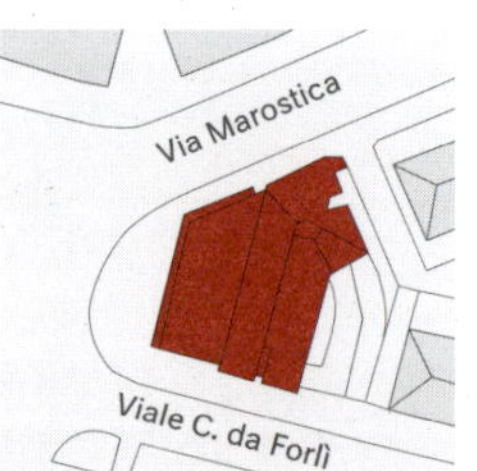

1958–1964 Via C. da Forlì 40
Links: Via C. da Forlì
Rechts: Via Marostica

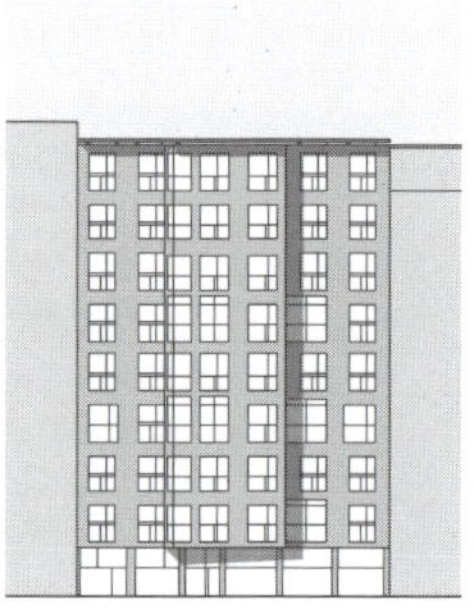

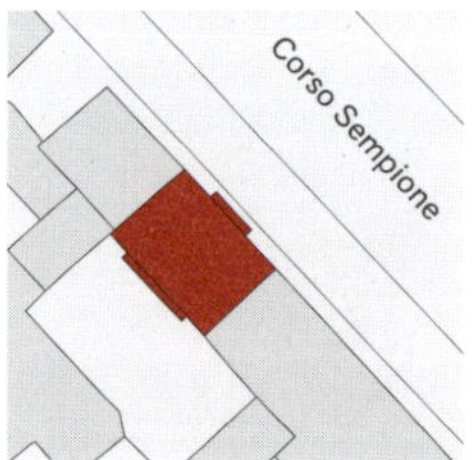

1961 Corso Sempione 75

78 Corso Sempione 75, 1961

In anderen Fällen wandten die Architekten volumetrische Rücksprünge an, wodurch senkrecht zur Strasse stehende Fassaden entstanden: In der Via G. Rossini gestalteten sie die rückwärtige Seite des Turms mit einem ausdrucksvollen Satteldach und zwei grossen Fenstern; in der Via Porta Nuova ordneten sie an der Fassade über dem Eingangshof fünf aus der Achse gerückte Fenster an; in der Via A. Verga liessen sie die oberen Teile des Gebäudevolumens zurückspringen und betonten so die zur Strasse senkrechte Fassade mit dem zum Garten gelegenen Fassadendach. Die Architekten setzten die Deformation des Gebäudevolumens bewusst ein, um eine Frontalität zur Strassenachse zu schaffen, so dass das Gebäude nicht nur als Teil des Stadtraumes wirkt, sondern diesen auch beeinflusst und verändert.

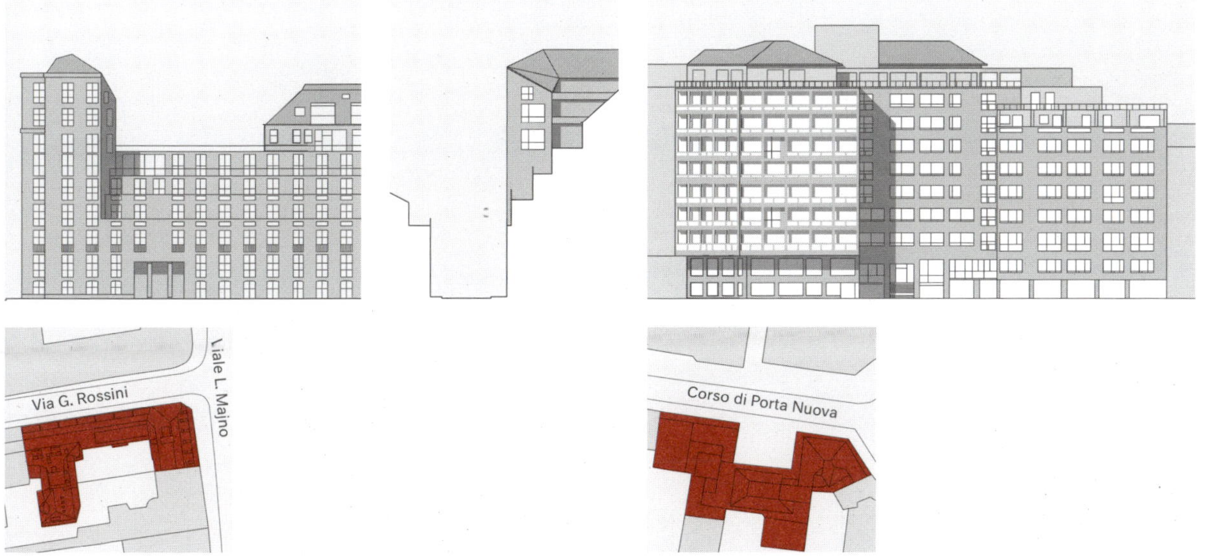

1962 Via G. Rossini 6–8

1963 Corso di Porta Nuova 52

79 Via G. Rossini 6–8, 1962

80 Via Pisanello 8, 1968

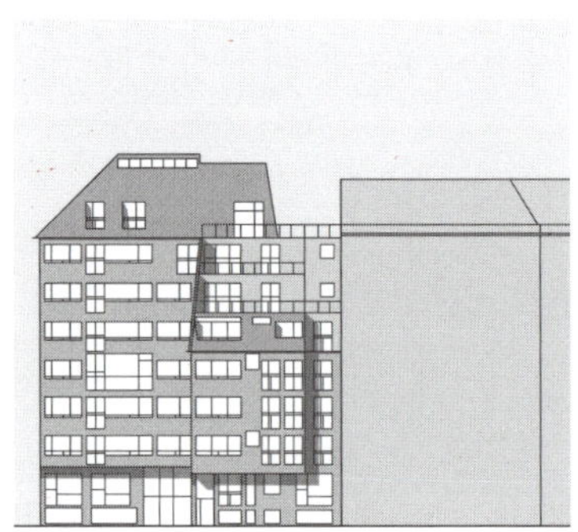

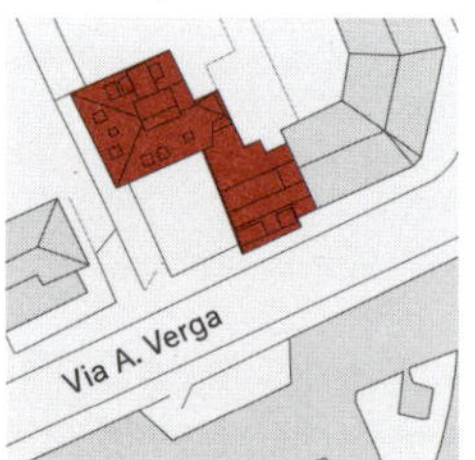

1964 Via A. Verga 4
Links: Seite zur Via A. Verga hin
Rechts: Gartenseite

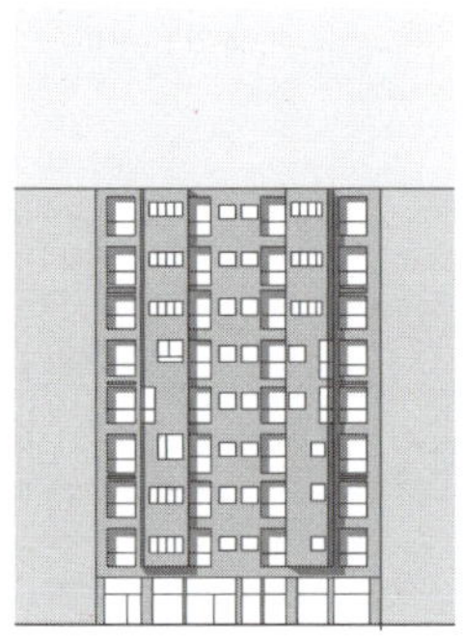

1968 Via Pisanello 8

81 Corso di Porta Nuova 52, 1963

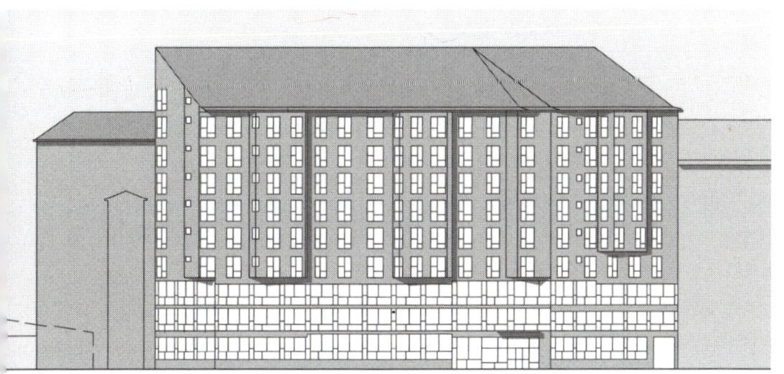

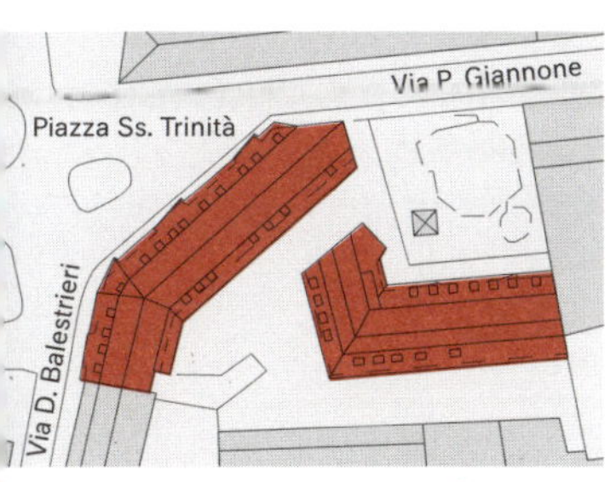

1967–1969 Piazza Ss. Trinità 6 /
Via P. Giannone 9

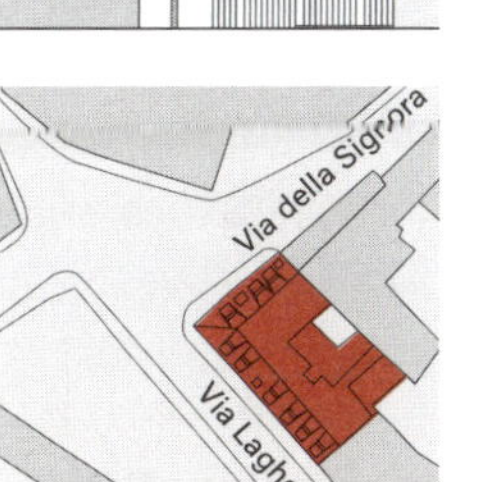

1966–1970 Via della Signora 2
Links: Via della Signora
Rechts: Via Laghetto

Schlussbetrachtung

> «Und in Mailand? [...] alles modern, so wie es euch gefällt, und alt wie [die Thermen von] Caracalla.»[1]
> Robert Furneaux Jordan

Lässt man die einzelnen Ansichten der Mailänder Bauten von Mario Asnago und Claudio Vender Revue passieren, ist es, als würde das Auge von einer herausragenden Präsenz zur nächsten gleiten. Betrachtet man sie jedoch in ihrer Gesamtheit, entsteht das Bild einer lebendigen Stadt mit einer klaren und kontinuierlichen Identität. Die Ausgewogenheit zwischen der Eigenart des einzelnen Bauwerks und der Kontinuität des gesamten Ensembles hat mich an den Werken der beiden Architekten am meisten fasziniert. Die Entwürfe, die auf den ersten Blick einzig von persönlichen formalen Vorlieben motiviert scheinen, erweisen sich bei einer genaueren Betrachtung als direkte Reaktionen auf jeweils spezifische Situationen des städtebaulichen Gefüges und auf seinen Charakter.

Die «der spontanen Empfindung folgende» Projektierung – um die Worte von Asnago und Vender zu gebrauchen – und die genaue analytische Beobachtung befinden sich in einem fruchtbaren Gleichgewicht. Der formale Aspekt, von einem Grossteil der Kritik viel bewundert, ist kein Selbstzweck: Die Anordnung der Elemente an der Fassade, die Vor- und Rücksprünge, die Verschiebungen sind Mittel, mit deren Hilfe die Architekten den Stadtraum Mailands «beleben» – wie sie schreiben – und dabei dessen Regeln neu interpretieren. Diese Regeln zu befolgen und gleichzeitig zu brechen, ist kein Paradox, sondern die Botschaft, die die Werke von Asnago und Vender uns suggerieren.

Die Liste der städtebaulichen Situationen, der Gebäude und der architektonischen Kompositionen, die hier nicht berücksichtigt wurden, ist lang. Das Ziel dieser Arbeit ist aber nicht ein Werkverzeichnis zu erstellen, sondern vielmehr die Entwurfspraxis der beiden Architekten bei der Architektur- und Stadtplanung zu beleuchten – eine Praxis, die es versteht, diese beiden Ebenen zusammenzubringen und sie in ein fruchtbares Verhältnis mit angemessenen und gleichzeitig unerwarteten Lösungen treten zu lassen.

Ich hoffe, dass diese Studie dazu anregen kann, die Stadt – und damit ist nicht nur Mailand gemeint – unter dem Aspekt ihrer vielfältigen, komplexen räumlichen Eigenheiten zu sehen: die variierenden Strassenräume, die unterschiedlichen Fassadentiefen und die Charakteristika der Fassadenabschlüsse. Die wahrlich urbane Entwurfspraxis ist in der Lage, ihren Wert gestern wie heute zu behaupten; sie verdient es, immer wieder analysiert und aktualisiert zu werden.

1 Robert Furneaux Jordan, in: *The Observer,* 11. November 1955, zitiert nach Ponti 1958, S. 82.

Bibliographie

25 anni di costruzioni Pessina, hg. von Pessina S.p.A., Mailand 1976.
Accademia di Brera: atti 1896–1948, Mailand 1948.
Agosti, Giacomo, und Matteo Ceriana (Hg.), *Le raccolte storiche dell'accademia di Brera*, Florenz 1997.
Airoldi, Renato, La Milano dell'ingegnere Beruto, in: *Casabella*, 451–452 (1979), S. 12–17.
Airoldi, Renato, Il razionalismo purista di Asnago e Vender, in: *Casabella*, 468 (1981), S. 4.
Airoldi, Renato, Forma urbis Mediolani: un'illusione aristocratica, in: *Casabella*, 468 (1981), S. 34–43.
Airoldi, Renato, Asnago Vender: uno stile senza tempo, in: Antonio Albertini und Massimo Novati, *Asnago/Vender Architetti*, Como 1986.
Albertini, Antonio, und Massimo Novati, *Asnago/Vender Architetti*, Como 1986.
Albertini, Antonio, und Massimo Novati, Asnago e Vender. Il serramento metafisico, in: *Domus*, 688 (1987), S. 62–70.
Arnheim, Rudolf, *The Dynamics of Architectural Form*, London 1977.
Asnago Vender: villa a Cermenate, in: *Domus*, 211 (1946), S. 40–41.
Beruto, Cesare, Progetto del piano regolatore della città di Milano. Relazione all'onorevole Giunta municipale, 31.12.1884, in: *La Milano del piano Beruto (1884–1889)*, 2 Bde., Mailand 1992, Bd. 2, S. 227–238.
Bottoni, Piero, *Antologia di edifici moderni in Milano*, Mailand 1954.
Bräm, Matthias, Entwurfsverfahren in der Architektur von Mario Asnago und Claudio Vender, in: Flora Ruchat-Roncati und Andrea Casiraghi (Hg.), *Milano – Architetture/Mailand – die Bauten: Beiträge zur Vorlesung Architektur VIII, Sommersemester 1995 und 1997*, Zürich 2003, Bd. 2, S. 7–26.
Brunetti, Federico (Hg.), *L'edificio di via G. Rossini a Milano*, Mailand 2015.
Buls, Charles, *Esthétique des villes*, Brüssel 1893.
Buls, Charles, *Estetica delle città*, hg. von M. Ponti Pasolini, Rom 1903.
Burg, Annegret, *Städtebau des Novecento Milanese*, Diss. ETH Zürich 2005.
Caramel, Luciano, *Longoni. Asnago. Vago: tre pittori di Barlassina*, Mailand 1987.
Caruso, Adam, und Helen Thomas, *Asnago Vender and the Construction of Modern Milan*, Zürich 2014.
Casa sul viale, in: *Domus*, 296 (1954), S. 14.
Cesareo reale dispaccio de' 13 febbraio 1777 che approva il nuovo piano delle strade, in: *Raccolta degli ordini e de' regolamenti delle strade della Lombardia austriaca stabiliti in seguito ai reali dispacci de' 13 febbraio 1777 e del 30 marzo 1778*, Mailand 1785, S. 1–3.
Collins, George R., *Camillo Sitte: the birth of modern city planning*, New York 1986.
Comune di Milano, Regolamento Edilizio. Bozze di stampa, Mailand 1955.
Consalez, Lorenzo, und Silvia Peirone, Asnago Vender. Architetture del piano, in: *D'A. D'architettura*, 3 (1992), Nr. 7, S. 69–73.
Consalez, Lorenzo, und Silvia Peirone, Asnago Vender. Nuove forme, in: *D'A. D'architettura*, 4 (1993), Nr. 9, S. 76–79.
Cordani, Roberta, *Milano. Il volto della città perduta. Immagini della memoria. 1850–1950*, Mailand 2004.
De Finetti, Giuseppe, *Milano: costruzione di una città*, Mailand 1969.
Di Biase, Carolina, Estetica della città e monumenti nella Milano di Monneret, in: Maria Grazia Sandri (Hg.), *L'eredità di Monneret de Villard*, atti del convegno (Milano, 27–29 novembre 2002), Florenz 2004, S. 105–115.
Due interessanti nuove costruzioni milanesi per abitazioni con appartamenti di 10 locali, in: *Domus*, 108 (1936), S. 10–13.
Fischer, Theodor, *Sechs Vorträge über Stadtbaukunst*, München 1922.
Giolli, Raffaello, Architetture che fanno quadro, in: *Casabella*, 191–192 (1943), S. 36–42.
Gorini, Stefano, *Abitare i tetti*, Magisterarbeit Politecnico di Milano Bovisa, Facoltà di Architettura Civile, 1988.
Guide dell'ordine degli architetti della provincia di Milano, http://www.ordinearchitetti.mi.it/it/mappe/itinerari/repertorio (abgerufen am 17. März 2016).
Gurlitt, Cornelius, *Handbuch des Städtebaues*, Berlin 1920.
Henrici, Karl, Langweilige und kurzweilige Strassen, in: *Deutsche Bauzeitung*, 27 (1893), Nr. 44, S. 171–174.
Henrici, Karl, *Beiträge zur praktischen Ästhetik im Städtebau: Eine Sammlung von Vorträgen und Aufsätzen*, München 1905.
Homann, Joachim, *Mailand als Modell: die Konstitution des öffentlichen Raumes in der habsburgischen und napoleonischen Zeit*, Diss. Staatliche Hochschule für Gestaltung Karlsruhe 2003.
Irace, Fulvio, *Giò Ponti: la casa all'italiana*, Mailand 1988.

Irace, Fulvio, *Milano moderna*, Mailand 1996.
Itinerari: Asnago/Vender a Milano, in: *Domus*, 688 (1987), S. 115–117.
Kahn, Gustav, *L'esthétique de la rue*, Paris 1901.
La Milano del piano Beruto (1884–1889), 2 Bde., Mailand 1992.
Loderer, Benedikt, *Der Innenraum des Aussenraums ist Aussenraum des Innenraums*, Diss. ETH Zürich 1981.
Loos, Adolf, Meine Bauschule, in: *Der Architekt*, 19 (1913), Heft 10, S. 70–71.
Loos, Adolf, Meine Bauschule, in: *Trotzdem: 1900–1930 [gesammelte Schriften]*, Innsbruck 1931.
Maertens, Hermann, *Skizze zu einer praktischen Ästhetik der Baukunst und der ihr dienenden Schwesterkünste in einem neuen Systeme zusammengestellt*, Berlin 1885.
Maertens, Hermann, *Optisches Maass für den Städtebau*, Bonn 1890.
Minardi, Bruno, *Giovanni Muzio: opere e scritti*, Mailand 1982.
Monneret de Villard, Ugo, Sull'arte di costruire le città, in: *Il monitore tecnico*, 25 (1907), S. 491–493; 26 (1907), S. 514–517; 28 (1907), S. 552–555.
Monneret de Villard, Ugo, Note d'edilizia, in: *Il monitore tecnico*, 14 (1908), Nr. 12, S. 233–234.
Moravánszky, Ákos, The optical construction in urban space: Hermann Maertens, Camillo Sitte and the theories of aesthetic perception, in: *The Journal of Architecture*, 17 (2012), Nr. 5, S. 655–666.
Muzio, Giovanni, Alcuni architetti d'oggi in Lombardia, in: *Dedalo*, 11 (1931), S. 1082–1119.
Patetta, Luciano, Architettura e spazio urbano in epoca napoleonica, in: Luciano Patetta (Hg.), *L'idea della magnificenza civile: architettura a Milano 1770–1848*, Mailand 1978, S. 21–24.
Patetta, Luciano (Hg.), *L'idea della magnificenza civile: architettura a Milano 1770–1848*, Mailand 1978.
Piacentini, Marcello, Il concorso nazionale per lo studio di un progetto di piano regolatore e d'ampliamento per la città di Milano, in: *Architettura e arti decorative*, 7 (1927–1928), Bd. 1, S. 132–182.
Piacentini, Marcello, Prima internazionale architettonica, in: *Architettura e Arti decorative*, 7 (1928), S. 554–555.
Pica, Agnoldomenico, *Mario Asnago: Quarant'anni di pittura (1940–1980)*, Como 1982.
Ponti, Gio, Stile di domani; su alcune architetture di Asnago e Vender, in: *Stile*, 35 (1943).
Ponti, Gio (?), Una casa milanese, in: *Domus*, 259 (1951), S. 1–3.
Ponti, Gio (?), Paesaggio moderno di Milano, in: *Domus*, 313 (1955), S. 7–10.
Ponti, Gio, *Amate l'architettura*, Genua 1957.
Ponti, Gio, *Milano oggi*, Mailand 1958.
Portaluppi, Piero und Marco Semenza, *Milano. Come è ora. Come sarà*, Mailand/Rom 1927.
Portoghesi, Paolo, Rileggere il neoclassicismo, in: Luciano Patetta (Hg.), *L'idea della magnificenza civile: architettura a Milano 1770–1848*, Mailand 1978, S. 7–8.
Reggiori, Ferdinando, A Milano il foro Mussolini, in: *Architettura*, 9 (1933), S. 573–579.
Reichlin, Bruno, Figure della spazialità. «Strutture e sequenze di spazi» versus «lettura integrale dell'opera», in: Bruno Reichlin und Letizia Tedeschi (Hg.), *Luigi Moretti: razionalismo e trasgressività tra barocco e informale*, Ausst.-Kat. Museo Nazionale delle Arti del XXI Secolo und Accademia Nazionale di San Luca, Rom 2010, S. 19–60.
Ricci, Giuliana, L'architettura all'Accademia di Belle Arti di Brera: insegnamento e dibattito, in: Giuliana Ricci (Hg.), *L'architettura nelle accademie riformate. Insegnamento, dibattito culturale, interventi pubblici*, Mailand 1992, S. 253–281.
Rinaldi, Luca, *Gaetano Moretti*, Mailand 1993.
Rodella, Domenico (Hg.), *Regolamento Edilizio e Piano Regolatore della città di Milano*, Mailand 1961.
Rossi, Aldo, Il concetto di tradizione nella architettura neoclassica milanese, in: *Società*, 12 (1956), S. 474–493.
Ruchat-Roncati, Flora, und Andrea Casiraghi (Hg.), *Milano – Architetture / Mailand – die Bauten: Beiträge zur Vorlesung Architektur VIII, Sommersemester 1995 und 1997*, 2 Bde., Zürich 2003.
Samsa, Danilo, La questione dello stile e le condizioni del progetto architettonico nell'età del piano urbanistico, in: *La Milano del piano Beruto (1884–1889)*, 2 Bde., Mailand 1992, S. 295–312.
Schmidkunz, Hans, Optisches im Städtebau, in: *Der Städtebau*, 7 (1909), S. 85–87, und 8 (1909), S. 104–106.
Sitte, Camillo, Beobachtungen über bildende Kunst, besonders über Architektur, vom Standpuncte der Perspective (1868), in: *Camillo Sitte. Gesamtausgabe, Bd. 5: Schriften zu Kunsttheorie und Kunstgeschichte*, Wien/Köln/Weimar 2010, S. 127–128.
Sitte, Camillo, *Der Städtebau nach seinen künstlerischen Grundsätzen*, Wien 1889.

Smets, Marcel, *Charles Buls. I principi dell'arte urbana*, Rom 1999.
Sullivan, Louis, The tall Office Building Artistically Considered, in: *Lippincott's Magazine*, 57 (1896), S. 403–409.
Tre case diverse, un'architettura, in: *Domus*, 255 (1951), S. 2–5.
Tre opere di Asnago Vender, in: *Domus*, 289 (1953), S. 14–18.
Una casa a Seveso, in: *Domus*, 343 (1958), S. 142.
Una facciata a Milano. M. Asnago e C. Wender [sic!], in: *Domus*, 318 (1956), S. 7.
Zucchi, Cino, Francesca Cadeo und Monica Lattuada, *Asnago Vender. Architetture e progetti 1925–1970*, Mailand 1999.
Zucconi, Guido, *La città contesa. Dagli ingegneri sanitari agli urbanisti (1885–1942)*, Mailand 1989.
Zucconi, Guido (Hg.), *Camillo Sitte e i suoi interpreti*, Mailand 1992.
Zucconi, Guido, Monneret, Sitte e l'arte di costruire la città, in: Maria Grazia Sandri (Hg.), *L'eredità di Monneret de Villard*, atti del convegno (Milano, 27–29 novembre 2002), Florenz 2004, S. 99–103.

Bildnachweis

Sofern nicht anders vermerkt, liegen die Copyrights für Fotos, Pläne und Grafiken beim Autor.

1 *La Notte,* 1961 Nepi Film (Rom) – Silver Film, Sofitedip (Paris)
4 Giuseppe De Finetti, *Milano: costruzione di una città,* Mailand 1969, S. 67, S. 202
6 Archivio Fondazione Piero Portaluppi
7 *Architettura e arti decorative,* 1 (1927/28), S. 158
8 Ville de Paris, Direction de l'urbanisme
9 Giuseppe De Finetti, *Milano: costruzione di una città,* Mailand 1969, S. 67
10 *Theodor Fischer. Architetto e urbanista 1862–1938,* Mailand 1988, S. 27
11/12 Karl Henrici, *Beiträge zur praktischen Ästhetik im Städtebau,* München 1905, S. 90–91
13/14 *Il monitore tecnico,* 30.4.1908, S. 233
15 Giuseppe De Finetti, *Milano: costruzione di una città,* Mailand 1969, S. 255
16 Hermann Maertens, *Optisches Maass für den Städtebau,* Bonn 1890, Bayerische Staatsbibliothek München, A. civ. 238 b, S. 8, urn:nbn:de:bvb:12-bsb00081170-1
21/22/23 *L'idea della magnificenza civile. Architettura a Milano. 1770–1848,* Mailand 1978, S. 74, S. 93
29 Museo di Milano
30 Archivio Asnago-Vender Architetti
38/39 Archivio Asnago-Vender Architetti
40 Archivi Comune di Milano
44/46/48 Archivio Asnago-Vender Architetti
50 Archivi Comune di Milano
51 Rudolf Arnheim, *Art and visual perception: a psychology of the creative eye,* Berkeley/Los Angeles 1954, S. 295
54 Archivio Comune di Milano
58 Museo di Milano
59 Archivio civico fotografico di Milano
60/61 Archivio storico civico di Milano (ASCMi), fondo Ornato Fabbriche Comune di Milano
67 Archivi Comune di Milano
68,70 Archivio Asnago-Vender Architetti
69 Museo di Milano
71 Archivi Pessina Costruzioni
72/73 Archivio Asnago-Vender Architetti
S. 49 Unten links: Archivio Asnago-Vender Architetti
74 Bromfoto Milano
75 Archivi Fondazione Piero Portaluppi

Autor / Dank

Giulio Bettini hat Architektur an der Eidgenössischen Technischen Hochschule (ETH) in Zürich studiert und unter anderem in Mailand und Lissabon gearbeitet. Zur Zeit ist er als Architekt in Zürich tätig.

Dank
Der Autor dankt dem BSA und den Mitgliedern des für das Forschungsstipendium BSA 2015/16 zuständigen Gremiums für ihre kritische und konstruktive Begleitung: Elisabeth Boesch, Harry Gugger, Bruno Reichlin, Thomas Schregenberger, Astrid Staufer; für die gute Zusammenarbeit und die Unterstützung in Mailand: Monica Lattuada (Archivio Asnago-Vender Architetti), Guido Morpurgo, Valter Rosa (Archivio storico dell'Accademia di Belle Arti di Brera), Cino Zucchi, dem Centro per la cultura d'impresa und den Familien Rezzonico und Barbè.
Darüber hinaus möchte der Autor all denjenigen danken, die ihn während der Forschungsarbeit unterstützt und mit kritischen Diskussionen begleitet haben: Martin Boesch, Ada Cattaneo, Adam Caruso, Philipp Funke, Vittorio Magnago Lampugnani, Luca Pessina, Caspar Schärer, Jonathan Sergison, Sandra Wollschläger.

Impressum

Herausgeber: BSA, Bund Schweizer Architekten
www.architekten-bsa.ch

Übersetzung aus dem Italienischen: Dorothea Deschermeier
Lektorat: Eva Dewes
Gestaltung und Satz: Büro 146.
Valentin Hindermann, Madeleine Stahel, Maike Hamacher
Bildbearbeitung: Humm dtp, Matzingen
Druck: La Serigrafica srl, Buccinasco

2016 gta Verlag, ETH Zürich, 8093 Zürich
www.verlag.gta.arch.ethz.ch

Eidgenössische Technische Hochschule Zürich

DARCH gta

Departement Architektur
Institut für Geschichte und Theorie der Architektur

ISBN 978-3-85676-361-9

Bibliografische Information der Deutschen Nationalbibliothek
Die Deutsche Nationalbibliothek verzeichnet diese Publikation in der Deutschen Nationalbibliografie; detaillierte bibliografische Daten sind im Internet über http://dnb.dnb.de abrufbar.